EL COLAPSO
ECONÓMICO FINAL

RABÍ AHARÓN SHLEZINGER

EL COLAPSO ECONÓMICO FINAL

Profecías y revelaciones

EDICIONES OBELISCO

Colección Cábala y judaísmo
EL COLAPSO ECONÓMICO FINAL
Rabí Aharón Shlezinger

1.ª edición: noviembre de 2013

Maquetación: *Natàlia Campillo*
Corrección: *M.ª Jesús Rodríguez*
Diseño e ilustración de cubierta: *Ariel Bauer*

© 2013, Rabí Aharón Shlezinger
(Reservados todos los derechos)
© 2013, Ediciones Obelisco, S. L.
(Reservados los derechos para la presente edición)

Edita: Ediciones Obelisco, S. L.
Pere IV, 78 (Edif. Pedro IV) 3.ª planta, 5.ª puerta
08005 Barcelona - España
Tel. 93 309 85 25 - Fax 93 309 85 23
E-mail: info@edicionesobelisco.com

Paracas, 59 C1275AFA Buenos Aires - Argentina
Tel. (541-14) 305 06 33 - Fax: (541-14) 304 78 20

ISBN: 978-84-15968-12-2
Depósito Legal: B-23.260-2013

Printed in Spain

Impreso en España en los talleres gráficos de Romanyà/Valls, S. A.
Verdaguer, 1 - 08786 Capellades (Barcelona)

PRÓLOGO

En el siglo XXI todo se ha precipitado abruptamente trastocándose las bases de los siglos anteriores. Lo que era útil y de uso común en los años precedentes ha quedado inutilizado como si se tratara de una simple reliquia. Además, se han colapsado los mercados internacionales, los sistemas de salud, y hasta el clima ha experimentado cambios con unas reacciones extremas jamás vistas.

La realidad actual es muy diferente a la de otros tiempos. El estilo de vida del pasado era estable y duradero, con mucha actividad física, en cambio, en la actualidad predominan la aceleración, el estrés y el sedentarismo. Un reflejo del cambio son los infartos de miocardio, que hasta fines del año 1900 era una enfermedad infrecuente; pero después de esa época comenzó a cobrar mucho mayor relevancia entre las causas de muerte de la población.

Considérese que en la Edad Media y en la Antigüedad, el modo de vida del inicio de un siglo podía ser muy similar al de cien años atrás. Los cambios que se producían eran lentos y pausados. Sin embargo, en el siglo XX todo se modificó de forma abrupta, el rumbo del mundo se alteró y los cambios en el estilo de vida se tornaron precipitados y violentos. Y aunque esto pueda parecer lógico tratándose de cien años, en ningún siglo la forma de vida cambió tanto como en éste. Pero eso no ha sido todo, porque en el siglo XXI todo evoluciona de un modo mucho más acelerado, colosal, jamás visto. Los cambios producidos en el siglo XXI superan todas las previsiones.

Quien por alguna razón se haya perdido lo que ha acontecido en el mundo desde el inicio del siglo XXI hasta la actualidad, al despertar, se encuentra con un mundo desconocido por completo. El aluvión de trasformaciones que ha sufrido la vida cotidiana en los primeros años del siglo XXI supera ampliamente lo sucedido en varios siglos. ¿Quién hubiera imaginado otrora música digital, máquinas automáticas expendedoras de alimentos, pagos de cuentas por medios virtuales, tarjetas magnéticas, libros digitales, intervenciones quirúrgicas con láser, robots que limpian y ordenan la casa, y teléfonos inteligentes? Vivimos en un mundo completamente distinto al de hace sólo unos muy pocos años. Y todo ha ocurrido tan vertiginosamente que ni siquiera nos ha permitido darnos cuenta del fabuloso cambio que estaba ocurriendo.

Y si lo que no sucedió en muchos siglos ha sucedido en unos pocos años, ¿dónde llegaremos con este ritmo vertiginoso dentro de unos pocos años más? ¿Qué será de nuestras vidas? ¿Qué ocurrirá con la economía? ¿Llegará la calma o se producirá un colapso económico mundial?

LOS ENIGMAS DEL FUTURO

Desde un punto de vista racional, el futuro es imprevisible y desconcertante, pero desde un punto de vista cabalístico, nada está librado al azar. Si nos remontamos a los libros ancestrales de la Cábala, nos encontramos con que lo que acontece ahora estaba previsto que fuera así desde tiempos remotos. Todos estos fenómenos, y los que vendrán, constan en forma perfectamente detallada y explícita, identificados cronológicamente con una precisión asombrosa. Y en esta obra nos ocuparemos de dilucidarlos.

I

VISIÓN CABALÍSTICA
DEL PROCESO MUNDIAL

En el libro Zohar se revela que cuando el Templo Sagrado fue destruido, la Presencia Divina se fue al exilio con los Hijos de Israel. Y con la finalización del quinto milenio comienza el tiempo propicio para la Redención Final. Y al dar inicio el sexto milenio, El Santo, Bendito Sea, comenzará a irradiar luz a la Presencia Divina para que despierte y se levante del polvo del exilio. Esto ocurrirá cuando se cumpla el proceso de seis veces diez años, que equivale a sesenta años, del sexto milenio (I Zohar 117a).

PARALELISMO DE FECHAS

Considerando que ahora está en curso el año 5773 del calendario hebreo, sabemos que el sexto milenio comenzó hace

773 años, o sea, en el año 1240 del calendario civil. Y si le sumamos a esa fecha los 60 años mencionados, correspondientes a un ciclo cósmico, resulta que la fecha indicada corresponde al año 1300 del calendario civil.

A continuación se revela en el libro Zohar que ese período de sesenta años es cíclico, por lo que en cada período de sesenta años, del sexto milenio, la Presencia Divina se fortalecerá, recibiendo el poder necesario para levantarse y recibir fortificación para generar la Redención Final. Y cuando se completa el ciclo, si los Hijos de Israel lo merecen, serán redimidos inmediatamente.

Ahora bien, si hasta el año 5600, cuando culmina el décimo ciclo cósmico, aún no ha llegado el Mesías, acontecerá un suceso extraordinario, pues en la sexta centuria del sexto milenio, las fuentes de la sabiduría del Cielo se abrirán, y también los manantiales de sabiduría de la Tierra. En ese tiempo se descubrirán los grandes misterios de la Cábala y aumentará el saber en la Tierra. Entonces, el mundo se rectificará a través del estudio de los misterios ocultos de la Torá.

LA SEXTA CENTURIA

La fecha señalada, el año 5600 del calendario hebreo, equivale al año 1840 del calendario civil. Y lo que fue pronosticado ocurrió, pues comenzaron a estudiarse los misterios de la Torá después de estar ocultos por mucho tiempo, y se produjo un inesperado despertar de la ciencia (*véase* El misterio del holocausto revelado cap. 1).

Observaremos en primer lugar lo concerniente a la revelación de los misterios ocultos de la Torá: los profundos misterios de la Cábala fueron trasmitidos de generación en generación, desde el gran maestro Moisés, pero se estudiaban de forma recatada y con una gran ocultación. Y si bien a Rabí Shimón hijo de Iojai le fue permitido revelar esta sabiduría y explicarla en su generación, aun así, él y sus discípulos hablaron de estos asuntos en forma breve y con mucha ocultación en numerosos lugares. Y ésas son las enseñanzas mencionadas en el libro Zohar. Pero aun esas palabras dichas en forma breve y encubierta posteriormente fueron cerradas, escondidas y se mantuvieron ocultas a los ojos de los seres humanos durante varias generaciones. Y esa ciencia quedó en manos únicamente de unos pocos grandes eruditos que se sucedieron de generación en generación.

Esto fue así hasta los días del gran sabio Itzjak Luria, que estudió esa sabiduría con profundidad, y le fue dado permiso para que revelara los asuntos en un lenguaje claro y amplio, y no, como el autor del Zohar, Rabí Shimón hijo de Iojai, que cerró y guardó esas enseñanzas, trasmitiéndolas con palabras breves y reservadas. Y la razón de esta revelación se debía a que ese tiempo en que vivió el gran sabio Itzjak Luria era propicio para revelar esos asuntos, dado que ya había comenzado el sexto milenio. Y en especial porque ya habían trascurrido de ese milenio tres siglos, y se había entrado en el siglo IV.

Quien escribió las enseñanzas impartidas por el gran sabio Itzjak Luria fue el erudito Jaim Vital, que a su vez recopiló esos estudios en ocho volúmenes.

Y en el comienzo de la sexta centuria del sexto milenio, el gran sabio cabalista Shalom Mizraji Sharabi elaboró un libro de oraciones en el que incluyó indicaciones precisas basadas en la Cábala, para concentrarse en ellas en todos los rezos del año. Esas indicaciones estaban basadas en las enseñanzas del gran sabio Itzjak Luria, que el gran sabio Shalom Mizraji Sharabi abrió y amplió en forma magistral. Y además de componer esa obra monumental, este maestro contó con grandes discípulos expertos en el estudio de la Cábala (Daat Utebuná: *Petijá Rishoná)*.

EL DESCUBRIMIENTO DEL ZOHAR

En cuanto al extraordinario libro de Cábala Zohar, esto es lo que ocurrió con él: cuando Rabí Shimón hijo de Iojai, su hijo Rabí Elazar y todos los de esa generación murieron, la sabiduría de la Cábala se perdió. Esto fue así hasta que El Eterno hizo que aconteciera un suceso con un rey de Oriente, que ordenó realizar una excavación por razones fructuosas y lucrativas, y en ese lugar se halló un cofre en el que se encontraba el libro Zohar. El rey preguntó a los sabios de los diversos pueblos, y ellos no sabían ni comprendían lo que estaba allí escrito. Después envió por los Hijos de Israel, y cuando vinieron y vieron el libro dijeron:

—Nuestro señor, oh rey, este libro lo compuso un erudito, y es profundo, y nosotros no lo comprendemos.

El rey les dijo:

—¿Acaso no existe judío en el mundo que lo comprenda?

Le dijeron:

—Sí, en la provincia de Tulaytulah [Toledo].

Entonces el rey mandó los libros a través de sus esbirros a Tulaytulah. Y cuando los sabios de Tulaytulah los vieron se alegraron mucho, y le enviaron al rey muchos presentes. Y a partir de allí se difundió la Cábala en Israel (Daat Utebuná: *Petijá Rishoná*).

LA APERTURA DE LA CIENCIA

Lo que hemos visto en relación con la Cábala, que emergió como la luz de la aurora hasta irradiar como el Sol en la sexta centuria del sexto milenio, también ocurrió en el campo de la ciencia. Pues en el mismo tiempo se produjo un enorme despertar en el campo del saber, por eso a esa época se la denominó: «la era de la revolución industrial». A partir de ese período el mundo experimentó una aceleración inusual y vertiginosa.

Desde 1840 hasta el final del siglo, los inventos y descubrimientos fueron innumerables. Y en ese tiempo se produjeron las trasformaciones socioeconómicas y tecnológicas más importantes de la historia de la humanidad. Uno de los inventos que revolucionó al mundo y cambió por completo la calidad de vida fue el automóvil, que en ese período de tiempo mencionado experimentó un avance extraordinario. Se abrieron numerosas fábricas, el mundo se llenó de coches a motor, lo que provocó una verdadera revolución en el modo en que se producían los traslados, dejándose atrás la tracción animal, que durante siglos fue el único medio de trasporte del que se disponía.

También el mundo de la comunicación se revolucionó con el invento del telégrafo y el teléfono en esa era. Con estos medios, el hombre podía comunicarse a grandes distancias, incluso a través de los mares, gracias a los cables submarinos. Aunque había una dificultad, las comunicaciones eran posibles únicamente entre los puntos alcanzados por esos cables. Aún permanecían incomunicados los barcos, los vehículos y las zonas rurales o de escasa población.

Entonces se inventó el receptor de radio que solucionó todos esos inconvenientes. Y todo esto aconteció en ese período, desde 1840 hasta el fin de siglo. Se podría decir que fueron sesenta años de sabiduría plena.

LA ERA DE LA MUJER

En el comienzo del siglo xx, la ciencia siguió evolucionando a pasos agigantados. Uno de los hechos memorables fue la producción de automóviles en serie. Ya que en 1908, Henry Ford comenzó a producir el modelo T a través de una cadena de montaje. Sobre la base de ese sistema se organizaba la producción en forma programada, delegando en cada trabajador una función determinada y específica, valiéndose de equipamiento moderno y especializado. La idea innovadora de Ford fue revolucionaria, y con ese sistema alcanzó una producción hasta entonces impensable. Y como ése, muchos otros campos de la industria crecieron y se desarrollaron en forma colosal. Pero, paralelamente a las trasformaciones socioeconómicas y tecnológicas, sucedió algo imprevisto. La mujer, que durante siglos estuvo subyugada al hombre, comenzó a luchar arduamente por equiparar su condición, y a tener la misma participación en la sociedad. Esta lucha cobró tanto auge en el comienzo del siglo xx, que se declaró el Día Nacional de la Mujer.

Éstos son los hechos más destacados de este cambio sin precedentes:

El 28 de febrero de 1909 se celebró por primera vez en Estados Unidos el Día Nacional de la Mujer, avalado por una declaración del Partido Socialista.

En el año 1910, la Internacional Socialista adoptó una resolución mediante la cual proclamaba el Día Internacional de la Mujer. El hecho tuvo lugar en Copenhague. Se resolvió que ése sería un día para homenajear al movimiento en favor de los derechos de la mujer, y también para impulsar el voto universal de las mujeres. La propuesta fue aprobada por todos los miembros de la conferencia en forma unánime, aunque no se estableció una fecha específica para la celebración.

En el año 1911, a raíz de la decisión adoptada por la Internacional Socialista en 1910, se celebró por primera vez el Día Internacional de la Mujer el 19 de marzo, en cuatro países: Alemania, Austria, Dinamarca y Suiza. A esa primera celebración asistieron más de un millón de personas, entre mujeres y hombres, que se reunieron para reclamar el derecho al voto de la mujer y la ocupación de cargos públicos. También exigieron el derecho al trabajo, recibir formación profesional y no ser discriminadas.

Pocos días después, el 25 de marzo, se propagó un feroz incendio en la ciudad de Nueva York que acabó con la vida de al menos 140 jóvenes costureras, muchas de ellas adolescentes, que trabajaban en condiciones insalubres y de riesgo en la fábrica Triangle. Después de la desgracia ocurrida, se desató una gran ola de protestas en todo el mundo. Se criticó a viva voz la explotación de las trabajadoras y el maltrato. Las airadas protestas incidieron en la legislación laboral de

Estados Unidos. Asimismo, en posteriores celebraciones del Día Internacional de la Mujer, se abordó el tema del trágico accidente, recordándose y recalcándose las deplorables condiciones laborales que condujeron al desastre, y se reclamaron mejoras e igualdad de derechos.

En 1913, el último domingo de febrero, las mujeres rusas celebraron por primera vez el Día de la Mujer.

En 1914, las mujeres se manifestaron en el resto de Europa en fechas cercanas al 8 de marzo. La razón de la convocatoria fue protestar por la guerra, y solidarizarse con las demás mujeres.

En 1917, las mujeres rusas eligieron nuevamente el último domingo de febrero para manifestar públicamente sus demandas. Ellas hicieron esto como última alternativa, pues ya no tenían ni siquiera harina para hacer pan, y carecían de medios para alimentar a sus familias. Por eso salieron a la calle el 23 de febrero, según el calendario utilizado entonces en Rusia, acuciadas por las necesidades, para pedir lo mínimo indispensable para subsistir y la paz, puesto que dos millones de soldados rusos habían muerto en la guerra, dejando millares de viudas y huérfanos sin ningún tipo de sostén.

Después de este suceso, cuatro días más tarde, el zar abdicó y el gobierno provisional otorgó el derecho al voto a las mujeres. Este hecho histórico ocurrió el 23 de febrero, según el calendario utilizado en aquel entonces en Rusia, día que se corresponde con el 8 de marzo del calendario civil.

La campaña para fomentar y proteger la igualdad de derechos de la mujer fue una de las causas más promovidas y apoyadas por las Naciones Unidas. En el año 1945, fue firmada en San Francisco una carta en la cual se declaraba el primer acuerdo internacional sobre la igualdad de los sexos como un derecho humano esencial.

A partir de este hecho histórico, la Organización de las Naciones Unidas se abocó a elaborar programas y objetivos para mejorar la condición de la mujer en todo el mundo.

LA FUNDACIÓN DEL ESTADO DE ISRAEL

Otro hecho destacado del siglo xx fueron las dos guerras mundiales. La Primera Guerra Mundial fue un conflicto armado que tuvo lugar entre 1914 y 1918, con un saldo de más de 10 millones de muertos. La Segunda Guerra Mundial (1939-1945) se considera el mayor y más sangriento conflicto armado de la historia mundial.

La Segunda Guerra Mundial tuvo un desarrollo completamente distinto al de la Primera Guerra, pues el avance tecnológico proporcionó a los combatientes elementos de gran poder destructivo. Las trincheras, que caracterizaron a las guerras del pasado, y también a la Primera Guerra Mundial, fueron remplazadas por ataques con armamento sofisticado y modernos equipos de traslado. En la Segunda Guerra Mundial predominó el empleo de aviones, tanques y vehículos terrestres, que avanzaron sobre las ciudades destruyéndolo todo. Además, en esta guerra se utilizaron bombas y cohetes de largo alcance, entre los que estaba el V-2, que fueron empleados por los alemanes para atacar Londres.

Finalmente entró en el campo de batalla un nuevo invento, la bomba atómica. La misma puso fin a la guerra, pero a su vez llenó de temor al mundo por su enorme poder destructivo. Por eso en aquella época se comenzó a hablar de paz y desarme.

DESARROLLO Y CRECIMIENTO MUNDIAL

Con la derrota de Alemania en la Segunda Guerra Mundial, los Estados Unidos, la Unión Soviética y el Reino Unido rivalizaron por llevarse a los científicos que habían participado en el programa alemán de fabricación de cohetes y armamento sofisticado en el centro de investigación de Peenemünde.

Los que más aprovecharon esta maniobra fueron los estadounidenses, pues ellos se llevaron a un gran número de científicos alemanes especialistas en cohetes, y los hicieron entrar secretamente en Estados Unidos como parte de la Operación Paperclip.

En tierra norteamericana, los mismos cohetes que habían sido diseñados para ser lanzados contra los ingleses fueron utilizados por los científicos como modelo para desarrollar tecnologías avanzadas. Así, el V-2 evolucionó y se convirtió en el cohete Redstone, que fue utilizado al comienzo del programa espacial.

LA ERA ESPACIAL

Cuando la guerra culminó, surgió como consecuencia de la misma otro hecho histórico sin precedentes que revolucionó al mundo: comenzó la conquista del espacio.

El primer paso concreto en este campo lo dio la Unión Soviética, pues científicos de esa nación pusieron en órbita el primer satélite artificial, el *Sputnik 1*, el 4 de octubre de 1957.

Mientras tanto, los dirigentes de la otra gran potencia mundial de esos tiempos, Estados Unidos, no estaban dispuestos a perder terreno en esta área que era considerada fundamental para dominar el mundo. Los estadounidenses respondieron al avance soviético con rapidez. Los satélites lanzados por ambas potencias en esos años fueron innumerables. En el año 1961, el presidente norteamericano John Kennedy dio un paso fundamental al anunciar la puesta en marcha del programa Apollo. La misión Apollo 11 avanzó conforme a las expectativas y llegó a la Luna el 20 de julio de 1969.

El primer astronauta en pisar la Luna fue Neil Armstrong, quien pronunció una frase que se hizo famosa: «Es un pequeño paso para el hombre, pero un gran paso para la humanidad».

Esta disputa por el poder entre las dos grandes potencias mundiales, que incentivó al hombre a afanarse en conquistar el espacio, requirió de avances sustanciales en las diversas áreas de la ciencia y la tecnología. Y muchos de los logros conseguidos, impensables en el pasado, fueron aplicados más tarde a la medicina, la informática y las telecomunicaciones, revolucionando por completo el estilo de vida del mundo.

Hacia finales de siglo, se produjo la caída del Muro de Berlín, y también la desintegración de la Unión Soviética. Entonces, la carrera por la conquista del espacio entre las dos grandes potencias mundiales quedó atrás, y el proyecto se trasformó en una empresa común, en la que participaron muchas otras naciones. La exploración espacial se convirtió en un deseo generalizado, con fines que dejaron a un lado los objetivos militares y pasaron a ser también científicos, y con el deseo de conocer cada vez más el inmenso mundo celeste que rodea al planeta Tierra.

SIGLO XXI:
EL DESPLOME DE LAS TORRES GEMELAS

El siglo XXI comenzó de una forma muy convulsiva. En el año 2001 la civilización sufrió un duro golpe propinado por el terrorismo. El 11 de septiembre de 2001 tuvo lugar un audaz golpe asestado por una sanguinaria banda de terroristas. Los integrantes de la misma se dividieron en cuatro grupos y secuestraron cuatro aviones de pasajeros, con los que cometieron terribles atentados.

Uno de los grupos capturó el Vuelo 11 de American Airlines y otro se apoderó del Vuelo 175 de United Airlines. Después de reducir a la tripulación, los terroristas guiaron a las naves hacia las torres gemelas del World Trade Center e impactaron contra ellas. Un avión se estrelló contra una torre y el otro contra la segunda. Como consecuencia de la ofensiva ambas torres se desplomaron.

El tercer avión secuestrado fue el Vuelo 77 de American Airlines y, tras ser dirigido en dirección al Pentágono, se estrelló contra una esquina. El cuarto avión, el Vuelo 93 de United Airlines, no produjo daños debido a que los pasajeros y los tripulantes se opusieron a los secuestradores. Este vuelo se estrelló en un campo abierto de Pensilvania.

Los daños causados por este atentado fueron muy graves, tanto en el plano económico como en el aspecto social y político, además del elevadísimo número de muertos que produjo.

DESASTRES NATURALES EN CADENA

El mundo aún estaba conmovido por el audaz golpe perpetrado en el corazón de la primera potencia mundial, cuando irrumpió en la Tierra un nuevo fenómeno destructivo, se desató la furia del cambio climático. .

OLA DE CALOR

En el año 2003, sobrevino en Europa, durante el verano, una intensa ola de calor. La misma se cobró más de 30.000 vidas. Esta cifra representaba ocho veces más la media europea anual de muertos en catástrofes que fueron registradas en los nueve años precedentes.

EL DESASTRE DE BAM

El 26 de diciembre de 2003 la mayor parte de la ciudad de Bam, ubicada en el sureste de Irán, fue devastada por un terremoto de magnitud 6,6 en la escala de Richter. La catástrofe dejó un saldo de más de 20.000 muertos y más de 50.000 heridos.

El avance del cambio climático atemorizó al mundo y comenzaron a realizarse intensos estudios para comprender este fenómeno y tratar de hacerle frente. El pánico comenzó a expandirse por toda la Tierra, y la alerta se generalizó.

EL REGRESO DEL TERROR

En 2003 se produjo la invasión armada de las fuerzas aliadas en Irak, pues se suponía que esta nación estaba fabricando armas de destrucción masiva. La guerra comenzó el 20 de marzo de 2003, y además de resultar sumamente sangrienta, se cobró muchas vidas.

ATENTADOS EN LA RED DE TRENES

El 11 de marzo de 2004 se volvió a producir un grave atentado vandálico. En ese día se llevó a cabo una serie de ataques terroristas que afectaron a cuatro trenes de la red ferroviaria madrileña.

Ése fue el más cruento atentado que se recuerde en España. Diez explosivos estallaron prácticamente de forma simultánea, en cuatro trenes, a una hora punta. El atentado se produjo entre las 7:36 y las 7:40 de la mañana.

Después de este suceso, la policía detonaba de forma controlada dos artefactos más que no habían estallado. También desactivaron un tercer artefacto que poseía valiosas pruebas para iniciar las pesquisas mediante las cuales sería posible identificar a los autores del siniestro.

UN NUEVO DESASTRE NATURAL: EL TSUNAMI

Exactamente en la misma fecha que aconteció el desastre de Bam, pero del año siguiente, el 26 de diciembre de 2004 se produjo en el océano Índico la mayor catástrofe natural que se recuerde en los últimos cien años. Tuvo lugar una serie terrible y devastadora de maremotos que dejó un saldo de más de 250.000 personas muertas. Las regiones de Indonesia y Tailandia resultaron gravemente afectadas, aunque los efectos devastadores alcanzaron zonas situadas a miles de kilómetros, pues llegaron a la India, Malasia, las islas Maldivas, Tailandia, Birmania y Bangladesh. Las olas mortales también alcanzaron África e hicieron estremecer a Somalia y Kenia.

LA MANO DEL HOMBRE

En medio de este feroz acecho de la naturaleza aconteció en la Tierra de Israel un desastre provocado por la mano del hombre. Más de 8.500 residentes israelitas fueron expulsados por la fuerza de sus hogares en 25 ciudades y asentamientos en la Franja de Gaza, incluidos 16 asentamientos en la floreciente zona de Gush Katif y el norte de Samaria en el verano de 2005, como parte del Plan de Desconexión.

¿Qué era Gush Katif? Una región árida que había sido edificada piedra sobre piedra por sus moradores. Ellos, durante años de esfuerzo, se abocaron a trabajar la tierra y fertilizarla hasta que consiguieron hacer florecer el desierto.

Algunos pobladores habían vivido allí la mayor parte de sus vidas y enterrado a sus muertos; otros habían nacido en ese lugar árido que habían convertido en un paraíso. Y después de toda una vida invertida en construir una casa para habitar confortablemente y hacer florecer el desierto, fueron expulsados de allí. Debieron abandonar sus casas, sus trabajos, sus plantaciones y hasta sus muertos, a menos que se los llevaran con ellos.

Sin embargo el desalojo de Gush Katif no fue sencillo, pues muchos se opusieron a tal plan, y los diarios de todo el mundo informaban constantemente de los avances en las negociaciones y de la resistencia de los opositores.

OPOSICIÓN AL DESTIERRO

Emol publicó:

Israel.– *Likud aprueba efectuar referéndum por plan Sharon.*

El escrutinio, en el que participarán unos 30.000 miembros del Likud, se efectuará después de la visita del premier a EE.UU. el próximo 14 de abril y antes de presentar el polémico «plan de desconexión» de los palestinos ante el Parlamento y el Gobierno.

Jerusalén.– La conferencia del Likud aprobó hoy la celebración de un referéndum interno para aprobar el «plan de desconexión» de los palestinos propuesto por el primer ministro, Ariel Sharon.

El premier fue recibido con aplausos y abucheos antes de pronunciar su discurso en la conferencia del partido Likud, celebrada hoy en Tel Aviv, y después de que los participantes aprobaran, en una votación basada en el número de manos alzadas, la propuesta de celebrar una consulta interna.

Sharon declaró que celebrará un referéndum entre los miembros del partido Likud sobre su «plan de desconexión» de los palestinos y que el resultado será vinculante.

Se trata de un proyecto, producto del estancamiento de las negociaciones con los palestinos, que no cuenta con el apoyo de los miembros del sector ultranacionalista, que forman parte del Gobierno de coalición que dirige Sharon, y que ha sido criticado por miembros de su propio partido.

Sharon tiene previsto llevar a cabo el escrutinio, en el que participarán unos 30.000 miembros del Likud, después de su visita a EE.UU. el próximo 14 de abril y antes de presentar el polémico plan ante el Parlamento y el Gobierno.

Emol, EFE, martes, 30 de marzo de 2004.

RESULTADOS INESPERADOS

Pero los resultados no fueron los esperados por el primer ministro, y los medios del mundo lo dieron a conocer inmediatamente. *La Vanguardia* publicó: «Sharon reconoce la derrota en el referéndum sobre su plan de evacuación de Gaza. El primer ministro israelí acoge "con tristeza" los resultados y dice que los respetará».

> Jerusalén / Tel Aviv. (Agencias).– El primer ministro israelí, Ariel Sharon, ha aceptado la derrota de su plan de evacuación de Gaza en el referéndum celebrado hoy entre los militantes del Likud, pero aseguró que seguirá trabajando para sacarlo adelante.
>
> «Continuaré trabajando y removeré toda piedra, porque no me han elegido para sentarme de brazos cruzados durante cuatro años», dijo Sharon, según un comunicado de prensa de la Oficina del Primer Ministro. El jefe de Gobierno conocía los resultados de las encuestas muchas horas antes de que fueran difundidos a las 22:00 de la noche hora local (20:00 GMT). El primer ministro indicó que ha recibido «con tristeza» los resultados aunque, advirtió, «los respetaré». Opinó que el terrorismo palestino tiene como único objetivo torpedear cualquier iniciativa diplomática, aunque no adelantó cuáles serán sus siguientes pasos.

Con un 10 % de las papeletas contabilizadas, el 70 % de los consultados votó en contra del plan, mientras que el 30 % lo hizo a favor, informó la televisión pública. El plan elaborado por Sharon establece la evacuación militar y de los 21 asentamientos de la franja de Gaza, así como otros cuatro del norte de Cisjordania.

La Vanguardia, 2 de mayo de 2004.

LA VOZ DEL PUEBLO

El pueblo también hizo oír su voz en relación con el «plan de desconexión», con protestas y actos multitudinarios. *Emol* publicó: «Sharon hace caso omiso al rechazo ciudadano al retiro de Gaza. El primer ministro israelí afirmó que continuará adelante con su idea de sacar a sus tropas de la franja, a pesar del multitudinario rechazo de los judíos».

Jerusalén.– El primer ministro israelí, Ariel Sharon, manifestó hoy su intención de seguir adelante con su plan de retiro de la franja de Gaza y aseguró que «está claro que Israel no puede seguir controlando» esa zona.

El jefe del ejecutivo israelí hizo estas afirmaciones después de que ayer 130.000 personas se manifestaran contra su plan para la evacuación de Gaza, por medio de una «cadena humana» desde el norte de ese territorio hasta Jerusalén, en lo que constituye hasta la fecha la protesta más multitudinaria contra su plan.

Emol, lunes, 26 de julio de 2004.

El diario Clarín publicó:

Centenares de colonos judíos continúan la protesta contra el plan de retirada de Gaza.

Centenares de colonos judíos continuaban hoy protestando en Jerusalén contra el primer ministro israelí, Ariel Sharon, y su plan de retirada de la franja de Gaza.

Tras el éxito de la concentración, en la que participaron entre 150.000 y 250.000 personas, según distintas evaluaciones, centenares de personas mantenían hoy la protesta.

Los colonos y los políticos que asistieron a la manifestación para respaldar sus protestas exigen someter a una consulta pública o referendo el desalojo de 21 asentamientos de la franja de Gaza, y otros cuatro del norte de Cisjordania, según el «plan de desconexión» aprobado por el Poder Ejecutivo y el Parlamento».

Diario *Clarín*, lunes, 31 de enero de 2005.

APOYO INTERNACIONAL

Éstos son sólo algunos de los titulares publicados, pero hay muchos millares más que describen en forma amplia y detallada la fuerte oposición presentada contra el «plan de desconexión». ¿Y cómo, aun así el primer ministro lo llevó a cabo, y después de fracasar el referéndum de su propio partido? El apoyo internacional conseguido resultó fundamental. Veamos algunos titulares vinculados con ese tema:

BBC Mundo publicó:

Bush refrenda plan de Sharon.

El presidente de Estados Unidos, George W. Bush, apoyó el plan del primer ministro de Israel, Ariel Sharon, para el repliegue unilateral de las tropas israelíes de la Franja de Gaza y de algunos asentamientos judíos en Cisjordania.

Es histórico y valiente», señaló el mandatario estadounidense, en una conferencia de prensa conjunta con Sharon, con quien se reunió este miércoles en Washington.

BBC Mundo, Washington, miércoles, 14 de abril de 2004.

El Mundo publicó: «Bush respalda el plan de Sharon que contempla la retirada de Israel de Gaza y anexiones en Cisjordania».

Washington.– George W. Bush ha expresado su respaldo al plan del primer ministro israelí, Ariel Sharon, para evacuar Gaza y parte de Cisjordania y que incluye la anexión de algunos territorios palestinos donde hay asentamientos judíos.

Diario *El Mundo*, jueves, 15 de abril de 2004.

Emol publicó:

Sharon consiguió ya el respaldo de Estados Unidos –el principal aliado de Israel–, el de la Unión Europea (UE), y del Secretario General de la ONU, Kofi Annán.

Emol, domingo, 2 de mayo de 2004.

SOLICITUD DE REFERÉNDUM

Pero el propio partido del primer ministro nuevamente dio la espalda al plan y pidió que se realizara un referéndum. *El Mundo* publicó:

Da la espalda al primer ministro Ariel Sharon. El Likud pide que se celebre un referéndum sobre la retirada de Gaza.

Jerusalén.– El Likud, el partido del primer ministro israelí, Ariel Sharon, ha aprobado una resolución en la que reclama que la Knesset (Parlamento) convoque un referéndum sobre el plan de retirada de la franja de Gaza. «La consulta evitará una guerra civil», ha afirmado el ministro israelí de Asuntos Exteriores, Silvan Shalom.

«No estoy proponiendo un referéndum contra el primer ministro, sino contra el plan (de desconexión)», manifestó Shalom, quien señaló que «se trata de la unidad nacional» y la unidad del partido.

El Mundo, viernes, 4 de marzo de 2005.

Sin embargo, esa idea no prosperó y los medios trasmitieron la noticia inmediatamente. *El País* publicó:

El Parlamento israelí avala la retirada de Gaza sin referéndum.

Nuevo obstáculo superado en el camino de la retirada israelí de la franja de Gaza. Pese a la rebelión de su partido (Likud), el primer ministro israelí, Ariel Sharon, se apuntó ayer otra victoria al rechazar el Parlamento la celebración de un referéndum sobre el plan de desconexión que él promueve. El resultado fue más claro de lo previsto –72 votos en contra de la consulta popular y 39 a favor–, pero la mayoría de diputados del Likud dieron la espalda a su líder.

El País, martes, 29 de marzo de 2005.

Al aproximarse la fecha de ejecución del plan, entre protestas masivas y actos multitudinarios, llegó la presión internacional, y los medios lo dieron a conocer. *El País* publicó:

Bush exige a Sharon el cumplimiento de las obligaciones que le impone la Hoja de Ruta.

George W. Bush expresó ayer a Ariel Sharon su «preocupación» por el plan de desarrollo de asentamientos en Cisjordania. El presidente estadounidense, que reiteró su respaldo al plan de desalojo de Gaza y de cuatro asentamientos en Cisjordania, le dijo al primer ministro israelí que la Hoja de Ruta tiene una serie de obligaciones que Israel debe cumplir si quiere que los palestinos ejecuten sus compromisos. Es la primera reunión que celebran los líderes de los dos países aliados después de la muerte de Yasir Arafat, en noviembre pasado, y de la elección del nuevo presidente palestino.

«Le he trasmitido al primer ministro mi preocupación ante la posibilidad de que Israel lleve a cabo actividades contrarias a las obligaciones de la Hoja de Ruta o que comprometan las negociaciones finales», dijo Bush tras el encuentro en el rancho de Crawford (Tejas). Para que no hubiera dudas, el presidente añadió: «Por tanto, Israel debería desmantelar los asentamientos ilegales y cumplir con sus obligaciones por lo que respecta a los asentamientos de Cisjordania». Eso supone que no haya expansión de asentamientos».

El País, martes, 12 de abril de 2005.

Aun así, las protestas multitudinarias se siguieron reiterando incansablemente, e incluso el ministro de Finanzas dejó su cargo en señal de protesta. *ABC* publicó:

Dimite el ministro israelí de Finanzas, Netanyahu, como protesta por la retirada de Gaza.

Benjamín Netanyahu dimitió hoy como ministro de Finanzas israelí por su oposición al plan de retirada israelí de la franja de Gaza y de cuatro asentamientos al norte de Cisjordania, según explicó en su carta de renuncia al cargo.

«Hemos llegado al momento de la verdad. Hay un camino para hacer la paz y conseguir la seguridad pero una retirada unilateral bajo fuego y con nada a cambio no es el camino para la paz y la seguridad», afirma Netanyahu en la carta en referencia al Plan de Desconexión cuya aplicación comenzará el próximo 15 de agosto.

ABC, 7 de agosto de 2005.

El País publicó:

Miles de radicales toman Tel Aviv para protestar por la retirada de Gaza.

Gush Katif, te juro lealtad». Esgrimiendo este lema y blandiendo cintas naranjas, millares de colonos y militantes radicales judíos se manifestaron anoche en el centro de Tel Aviv para protestar por la retirada de Gaza. Ha sido la última gran movilización de la derecha israelí antes de que se ponga en marcha el llamado plan de desconexión impulsado por el primer ministro, Ariel Sharon, que según el calendario se iniciará el próximo lunes.

El País, viernes, 12 de agosto de 2005.

LA EJECUCIÓN DEL PLAN

El último plazo decretado para que los colonos abandonaran sus hogares en Gush Katif fue el día 15 de agosto de 2005, que según el calendario hebreo se corresponde con el día 10 de Av, o sea, la fecha en que el Templo Sagrado fue incendiado y quemado por completo por los hombres del ejército romano. Una fecha históricamente amarga para el pueblo de Israel.

El ejército terminó la operación en cinco días, acabándola el día 22 de agosto de 2005.

Después del desalojo, las felicitaciones de los que apoyaron el plan no tardaron en llegar. *La Nación* publicó:

> El presidente de EE.UU., George W. Bush, felicitó al primer ministro israelí, Ariel Sharon, por el éxito de la evacuación de Gaza y Cisjordania, un proceso que definió como «el primer paso para el desarrollo de la democracia» en la región.
>
> *La Nación*, martes, 23 de agosto de 2005.

UN HURACÁN DEVASTADOR

Después de este hecho volvieron los desastres naturales, pues el martes 23 de agosto de 2005, el Centro Nacional de Huracanes de Estados Unidos alertó sobre la formación de la depresión tropical 12 sobre el sureste de las Bahamas.

El 24 de agosto se alertó sobre la intensificación de la depresión, anunciándose que se había convertido en la tormenta tropical Katrina.

El 25 de agosto llegaba a Florida ya convertida en un huracán de categoría 1. Su paso produjo graves daños.

El 26 de agosto se dirigió al Golfo de México y se intensificó. El día 27 de agosto alcanzaba la categoría 3.

El día 28 de agosto su tamaño seguía aumentando. El alcalde de Nueva Orleans aconsejaba la evacuación a la vez que se ampliaba la emergencia nacional a cuatro estados: Luisiana, Florida, Misisipi y Texas.

El día 29 de agosto de 2005 el huracán impactaba con toda su furia causando severos daños.

Después de exhaustivos estudios los científicos predijeron que aumentarán las sequías, las inundaciones y las condiciones climáticas extremas.

Los gobiernos, estimulados por las declaraciones y viendo los terribles desastres naturales que estaban ocurriendo en los lugares más importantes del mundo, liderados por Estados Unidos, comenzaron a planificar serias medidas para afrontar la situación.

LOS ATENTADOS
DEL 7 DE JULIO DE 2005 EN LONDRES

Las aguas aún no se habían calmado cuando sobrevino un nuevo duro golpe asestado por la mano del hombre. El jueves 7 de julio de 2005, cuatro poderosas detonaciones conmovieron la mañana londinense. A las 8:50, explotaron tres bombas en tres trenes del metro de Londres. Además, una cuarta bomba explotó en un autobús a las 9:47 en la plaza Tavistock.

La primera explosión ocurrió en un tren que circulaba entre las estaciones de Aldgate y Liverpool Street.

La segunda bomba estalló en un convoy que recorría el trayecto entre las estaciones de King's Cross y Russell Square.

La tercera bomba explotó en la estación de Edgware Road.

La cuarta bomba fue detonada en un autobús de dos pisos que voló por los aires cuando circulaba por Tavistock Square.

Este feroz atentado dejó un saldo de 52 muertos más los cuatro hombres inmolados y 700 heridos. Fue el ataque más grave llevado a cabo contra Londres desde la Segunda Guerra Mundial.

CUATRO NUEVAS AMENAZAS

El 21 de julio de 2005, una segunda serie de cuatro explosiones tuvo lugar en el metro de Londres y en un autobús de esa ciudad. Estos atentados no causaron víctimas fatales, pues los detonadores de las bombas explotaron sin que los terroristas llegasen a inmolarse.

Tres de los incidentes se registraron en las estaciones de metro de Warren Street, Oval y Shepherd Bush, y el cuarto se produjo en un autobús en la zona de Hackney, al noreste de Londres.

RECUENTO DE DESASTRES

La ONU informó que el año en que se registraron los desastres más devastadores de la historia fue en 2005, cuando las pérdidas materiales sumaron 210.000 millones de dólares.

En 2006 se advirtió de que las inundaciones y las tormentas continuaban siendo una amenaza frecuente para la población mundial. Aunque, además de éste no hubo otros problemas de gravedad a la vista. Sin embargo, no todo seguía en calma, pues estaba madurando la catástrofe financiera más grave del siglo.

En el año 2007, salía a la luz el embarazoso problema que se estaba gestando: entre 2004 y 2006 la Fed subió la tasa de interés hasta llegar a 5,25 % y la gente dejó de pagar sus hipotecas de alto riesgo, denominadas *subprime*.

El problema cobró tanto auge, que la Sociedad Americana de Dialectos, dedicada al estudio de la lengua inglesa en Estados Unidos, eligió como palabra de 2007 el término *subprime*.

Esta palabra está relacionada con la crisis de las hipotecas de alto riesgo en Estados Unidos, y ocupó lugares privilegiados en millares de páginas de información económica durante el año 2007 en todo el mundo.

Como consecuencia de la catástrofe, los bancos prestaron grandes cantidades de dinero a los consumidores de hipotecas de alto riesgo, que ahora estos últimos no podían devolver. El impago de las hipotecas *subprime* desató una severa crisis que afectó ostensiblemente a las instituciones financieras internacionales. Asimismo, provocó que fueran intervenidos los bancos centrales de las principales economías del mundo.

El aumento de los costos de los préstamos también repercutió en los consumidores y comenzó a temerse una seria reducción del crecimiento económico. Muchos bancos centrales intentaron calmar las aguas inyectando dinero en los mercados. Pretendían atemperar el impacto y mantener en funcionamiento el sistema financiero.

UN FUERTE GOLPE
A LA ECONOMÍA MUNDIAL

El golpe de las hipotecas *subprime* fue terrible, afectó a las economías de todo el mundo. Ni siquiera el fuerte sistema suizo pudo salvarse. Como causa de la crisis inmobiliaria estadounidense, la Unión Bancaria Suiza, UBS, una de las entidades financieras más grandes de Europa y el Credite Suisse, anunció en diciembre de 2007 pérdidas en sus haberes por 10.000 millones de dólares en el valor de sus activos financieros. Directivos de la UBS hicieron saber que esto acontecía después de haber recibido una gran inyección de capital de emergencia. La misma provenía del gobierno de Singapur, y un inversionista de Medio Oriente, por una suma estimada en unos 11.000 millones de dólares.

Como consecuencia de la grave situación que se estaba atravesando, los bancos centrales de Estados Unidos, la Unión Europea y el Reino Unido anunciaron a fines de 2007 medidas para ayudar al sector bancario. Se pretendía prestarle ayuda para que pudiera paliar la crisis crediticia mundial y afrontar la escalada del costo de los préstamos. Estas tres entidades, junto con el Banco Nacional Suizo y el Banco de Canadá, anunciaron un plan conjunto para inyectar 100.000 millones de dólares en fondos de emergencia.

LAS OSCILACIONES DEL AÑO 2008

El año 2008 comenzó muy agitado, la creciente crisis no daba tregua, y las empresas afectadas iban en aumento. En marzo de ese año, los bancos centrales se unieron nuevamente en un esfuerzo conjunto con la intención de aplacar las condiciones en los mercados de crédito. Entre la Reserva Federal de Estados Unidos, el Banco Central Europeo y los bancos centrales del Reino Unido, Canadá y Suiza inyectaron 200 mil millones de dólares.

A mediados de julio de 2008 todos los medios de difusión publicaban en grandes titulares la gravedad de la recesión del sector inmobiliario. Ésta era la más grave que había acontecido desde 1930. Más de 700.000 hogares habían ingresado últimamente en etapa de ejecución hipotecaria.

EL DERRUMBE DE UN GIGANTE

El 13 de julio de 2008 se derrumbaba el segundo banco más importante en toda la historia de Estados Unidos, IndyMac. Como consecuencia del desplome, debió ser intervenido por la entidad gubernamental.

El miércoles 30 de julio de 2008 el presidente de Estados Unidos, George Bush, promulgó una ley que ayudaría a cerca de cuatrocientas mil familias que no podían pagar la hipoteca y podrían perder su casa. Esa misma ley incluía un rescate multimillonario para dos de los mayores proveedores en el mercado de financiación de vivienda en Estados Unidos, las compañías hipotecarias Fannie Mae y Freddie Mac.

A mediados de agosto se informaba de que las economías de los países de la eurozona se habían reducido en un 2% entre abril y junio.

El 7 de septiembre de 2008 Washington anunciaba que tomaría el control de Fannie Mae y Freddie Mac. Se trataba del rescate financiero más grande en la historia de Estados Unidos.

El 15 de septiembre de 2008 sobrevino otro duro golpe a la resquebrajada economía estadounidense: el cuarto banco más importante de Estados Unidos, Lehman Brothers, se declaraba en bancarrota. La repercusión de la noticia afectó a los mercados de valores de forma inmediata. La Bolsa de Nueva York abrió con un descenso del 0,8 % en el Dow Jones y los mercados de valores de Australia, Singapur, Taiwán e India cerraron con pérdidas.

El 3 de octubre el presidente de Estados Unidos, George W. Bush, promulgaba una ley por un paquete de 700.000 millones de dólares. Esto tuvo lugar después de la aprobación del Senado.

En diciembre de 2008 los analistas del Fondo Monetario Internacional dieron a conocer el resultado de la evaluación que llevaron a cabo para calcular los gastos de la crisis. Los analistas estimaban que el costo de la crisis podría ascender a 1,3 billones de dólares. Y comparándolo con las catástrofes naturales ocurridas en los últimos tiempos, se estimó que los gastos de la crisis superarían en 10 veces al costo de los daños dejados por el huracán Katrina en Estados Unidos.

LOS VAIVENES DEL AÑO 2009

Tampoco en 2009 hubo calma. En Estados Unidos accedió al poder el nuevo presidente electo, Barack Obama. A principios de año informó sobre el análisis en el Congreso de Estados Unidos de un paquete de ayuda económica de 825 mil millones de dólares.

El 28 de enero se hacía pública una noticia revolucionaria que fue anunciada por el Banco Central de España: el país estaba en recesión por primera vez desde 1993.

Esta crisis causó severos trastornos en la población mundial. El Departamento del Trabajo de Estados Unidos reveló que durante febrero de 2009 se perdieron 650.000 empleos.

El 26 de agosto los efectos de la crisis se pudieron observar también en Japón, pues una de sus principales fuentes de ingreso, la industria electrónica, se veía seriamente afectada. Las empresas Toshiba e Hitachi anunciaron que despedirían a 20.000 empleados por la caída de sus ventas.

El 2 de julio de 2009 el Departamento de Trabajo informaba de que en Estados Unidos se habían perdido en el último mes cerca de 470.000 puestos de trabajo. También se dijo que la tasa de desempleo llegó al 9,5 %, por lo que era el índice de desocupación más alto en Estados Unidos desde 1983. Estos datos se sumaban al arrastre global de desempleo que comenzó a aumentar progresivamente desde el inicio de la recesión, en 2007. Desde esa fecha, se perdieron en Estados Unidos 1,9 millones de puestos de trabajo en el área industrial.

Con la escalada de la crisis en todo el mundo, comenzaron a predecirse los peores augurios. La desconfianza y el desconcierto se habían instalado con fuerza en la población, y estas sensaciones cobraban cada vez mayor intensidad. Los anuncios públicos tampoco ayudaban a calmar los ánimos de desconcierto. En México, por ejemplo, el Banco Central informaba de que el producto interno bruto del país había caído un 9,4 % en el segundo trimestre del año, representando la peor crisis de los últimos 70 años.

Simultáneamente a lo que estaba aconteciendo por el efecto de la crisis, el panorama se veía seriamente agravado por las severas plagas que afectaban a la población mundial, pues el efecto de la gripe aviar se prolongó hasta 2007. Después sobrevino una feroz epidemia de dengue, que se cobró numerosas vidas. Países como Brasil, Paraguay, Bolivia y Argentina resultaron seriamente afectados por el flagelo. Sólo en Bolivia fueron informados cerca de 34.000 casos, y con pronósticos en aumento. Asimismo, aun antes de que este último azote del dengue aminorase su avance, surgió en el mundo una terrible y mortífera epidemia causada por el virus de la gripe porcina.

Este virus fue detectado inicialmente en México en el mes de abril de 2009. La OMS informó de que en ese país murieron oficialmente 116 personas a causa de la enfermedad y 8.279 resultaron infectadas. Pero el virus no permaneció sólo en México, sino que se expandió por todo el mundo, causando estragos. Por tal razón, el 11 de junio, la gripe porcina fue declarada una pandemia por la Organización Mundial de la Salud.

Mientras todo esto ocurría, los efectos del cambio climático no dejaban de azotar al mundo. Los expertos alertaban a los gobiernos y a la población mundial, informándoles de que las crecientes temperaturas del planeta provocarían mayores olas de calor, propagarían enfermedades infecciosas y causarían una gran escasez de agua y alimentos. A su vez, los científicos informaban de que el cambio climático representa la mayor amenaza a la salud que enfrenta el mundo en el siglo XXI.

A continuación, observaremos parte de las razones que incitaron a los científicos a realizar declaraciones tan pesimistas:

El 28 de febrero de 2008 las autoridades chilenas anunciaban un nuevo paquete de medidas para contrarrestar una de las sequías más fuertes que habían afectado a Chile en los últimos años. La presidenta, Michelle Bachelet, solicitaba a los habitantes no malgastar el agua, y hacía saber que más del 40 % del territorio se encontraba en emergencia.

El 26 de marzo de 2008 el director general del Agua del Ministerio de Medio Ambiente, Jaime Palop, aseguraba que España estaba viviendo la peor sequía de las últimas décadas.

El 1 de diciembre de 2008 Venecia atravesaba una de las peores inundaciones de los últimos 20 años. La misma había sido causada por la subida de la marea, fuertes vientos provenientes del sur, e intensas lluvias que azotaron la región en los últimos días. Las personas transitaban las calles sumergidas en el agua hasta la cintura.

El 7 de mayo de 2009 las autoridades de Brasil llevaban asistencia a decenas de ciudades y localidades aisladas por inundaciones causadas por las peores lluvias registradas en décadas en el norte del país. Los funcionarios nacionales anunciaron que más de 200.000 personas habían perdido su vivienda en una zona que se extiende desde la selva amazónica hasta la costa atlántica por la subida de las aguas.

El domingo 23 de noviembre de 2008 se anunciaba la caída de intensas lluvias en el sur de Brasil, en el estado de Santa Catarina, produciéndose por esa causa graves deslizamientos de tierras. Se registraron al menos 20 muertos y hubo más de 13.000 damnificados.

El 2 de febrero de 2009 cayó una intensa nevada en gran parte de Gran Bretaña. Londres, la capital, estaba cubierta por una capa de hasta 15 centímetros de nieve. Por esa causa fueron cerrados los aeropuertos y suspendidos los servicios de trenes y autobuses. Se considera que fue el invierno más severo de los últimos 13 años en Gran Bretaña. Asimismo, el instituto meteorológico de ese país informó que se trataba del temporal de nieve más fuerte de los últimos 18 años.

El 15 de mayo de 2009 se informaba de que Argentina, conocido como uno de los productores de cereales más importantes del mundo, dejaría el año próximo de exportar trigo y carne. ¿Cuál era la razón? En 2009 Argentina había sufrido una de las peores sequías en más de 70 años. Como consecuencia de ello, a comienzos de 2009 se declaró el estado de emergencia agropecuario en ese país.

TERREMOTO DE HAITÍ

El año 2010 comenzó con oscilaciones en los mercados, y los países intentaban recuperarse de la dura crisis económica soportada en todo el mundo. Pero la calma no duró demasiado, a los pocos días de comenzado el año, el mundo fue sacudido por un nuevo y duro desastre natural. El 12 de enero de 2010 se produjo el terrible terremoto de Haití. El sismo fue tan intenso que repercutió en países cercanos como Cuba, Jamaica y República Dominicana, donde provocó temor y evacuaciones preventivas.

Los efectos de este sismo fueron devastadores. Se encontraron más de 150.000 cadáveres, y la cantidad de heridos superó los 250.000. Además, cerca de un millón de personas quedaron sin hogar. Se la considera una de las catástrofes más graves de la historia.

EL TERREMOTO DE CHILE

Al mes siguiente, otra reacción natural conmovió al mundo, pues el sábado 27 de febrero de 2010, se produjo en Chile un terremoto devastador. Fueron contabilizados 516 cadáveres hallados entre las ruinas. Se estima que hubo 2 millones de damnificados, y medio millón de viviendas resultaron destruidas.

Se calcula que la energía liberada por el sismo chileno equivale a la de 100.000 bombas atómicas como la arrojada en Hiroshima en 1945.

EL DESPLOME DEL EURO

Después de lo ocurrido con la crisis norteamericana, se llegó a pensar que en el futuro el euro podía remplazar al dólar como la moneda de mayor respaldo internacional, pues era considerada una moneda fuerte y estable.

Sin embargo, en el primer trimestre de 2010 el Euro entró en una fuerte crisis, y se pensó que esta caída podría ser el comienzo de un nuevo caos financiero mundial.

Si bien se anunció que la economía europea se blindaría con 700.000 millones de euros, y que se procedería al rescate de Grecia, que había sucumbido, esto no fue suficiente para calmar los mercados y convencer a los inversores de que la crisis estaba controlada. El sufrimiento que se vivió como consecuencia de la devaluación del euro fue muy grande, y la eurozona se vio sumamente afectada. Aunque los esfuerzos para contener la crisis griega fueron muchos, la desconfianza de los mercados no tardó en producirse en Irlanda y Portugal. Por tal razón, la Unión Europea se vio obligada a aprobar planes de rescate para esos países.

En 2011 Italia se sumó al conflicto, y en 2012 España entró en recesión. Las noticias que se publicaban día tras día eran duras y dolorosas: aumento del desempleo, problemas con las viviendas y muchos padecimientos más acarreados por la crisis. *BBC Mundo* publicó:

«Al banco le sobran miles de viviendas vacías que nadie puede comprar, y a los españoles nos faltan casas en las que vivir. Por eso, pedimos justicia social», explica la joven Irma Blanco.

Ella, junto a otras mujeres de la comunidad Corrala de Vecinas La Utopía, ha ocupado un edificio de Sevilla que llevaba dos años sin ser habitado. En apenas cinco días ya estaban instaladas 36 familias.

«Nuestra acción pone de manifiesto que este problema no es marginal, que afecta a todos», detalla Blanco, de 35 años y diplomada en Trabajo Social por la Universidad Pablo de Olavide de Sevilla. «Estoy desempleada y tras independizarme tuve que volver a vivir con mis padres», le cuenta a BBC Mundo.

En España hay más de tres millones de viviendas desocupadas y, según datos del Consejo General del Poder Judicial, en el primer trimestre de 2012 se produjeron 46.559 desalojos forzosos, una media de 517 desahucios al día.

El acceso a la vivienda a personas jóvenes también se ve complicado por el alto índice de desempleo con el que conviven, cerca de un 50 %, y el salario mínimo en España no alcanza los 642 euros (803 dólares)».

BBC Mundo, 13 de agosto de 2012.

En síntesis, después de un gran desarrollo de la ciencia y la tecnología, el mundo en la primera década del siglo xxi ha atravesado por diferentes crisis, y lo mismo ha sucedido en la segunda. Es importante conocer las causas de esta concatenación de sucesos sin precedentes en la historia de la humanidad. Por eso, en el próximo capítulo analizaremos este asunto con detenimiento y profundidad en concordancia con las revelaciones mencionadas en los libros del Talmud y la Cábala, pues es la manera idónea para hallar la causa y relación de todos los sucesos históricos mencionados.

II

LA ERA DE LOS TALONES MESIÁNICOS

Ya vimos la fecha clave revelada en el libro Zohar, que señalaba el inicio del gran cambio basado en el despertar del estudio de la Cábala, y en paralelo, el desarrollo de la ciencia. Esa fecha está vinculada con la Redención Final, tal como ya hemos dicho. Por lo tanto, sin lugar a dudas, en la actualidad nos hallamos en la era de los talones mesiánicos. En el Talmud se mencionaron importantes revelaciones vinculadas con este asunto, cuyo conocimiento es esencial para interpretar los misterios del tiempo en el que vivimos.

En el Talmud se manifiesta que en la época de los talones mesiánicos sobrevendrán aflicciones muy duras que han sido comparadas con los dolores que experimenta una mujer embarazada antes de dar a luz.

A continuación leeremos citas talmúdicas relevantes vinculadas con este tema. En el Tratado de Sanhedrín se menciona lo que está escrito en el libro del profeta Amós: «En aquel día yo levantaré la Tienda caída de David» (Amós 9:11). Rabí Iojanán explicó esta profecía del siguiente modo: en el futuro los eruditos serán disminuidos –es decir, morirán, para no soportar los dolores previos al parto–, y por lo que respecta a las demás personas, sus ojos desfallecerán de abatimiento y desasosiego. Además, numerosas aflicciones y severos decretos se renovarán permanentemente en el mundo; antes de acabarse el efecto de la primera consternación, ya vendrá la próxima (Talmud, Tratado de Sanhedrín 96b).

UNA SEMANA TUMULTUOSA

A continuación en el Talmud se revela lo que ocurrirá en la semana de años próxima a la venida del Mesías: la semana en la que el descendiente de David vendrá, en el primer año se cumplirá lo que consta en esta cita bíblica: «También os detuve la lluvia tres meses antes de la siega; e hice llover sobre una ciudad, y sobre otra ciudad no hice llover; sobre una parte llovió, y la parte sobre la cual no llovió, se secó» (Amós 4:7). (Es decir, en algunos lugares habrá abundancia, y en otros habrá hambruna).

En el segundo año se sentirá ligeramente el efecto del hambre, y no habrá saciedad en ningún lugar.

En el tercer año habrá una intensa hambruna; y morirán hombres, mujeres y niños, como así los hombres piadosos y los de buenas obras. La Torá será olvidada por parte de los estudiosos por la falta de alimento.

En el cuarto año habrá saciedad parcial.

En el quinto año, ciertamente, habrá saciedad. Las personas comerán, beberán y se alegrarán. La Torá volverá a los estudiantes.

En el sexto año se escucharán voces que anunciarán la venida del Mesías.

En el séptimo año habrá guerras. Y, cuando culmine el séptimo año, vendrá el Mesías descendiente de David (Talmud, Tratado de Sanhedrín 97a).

SEÑALES PROFÉTICAS INCONFUNDIBLES

Rabí Nehurai reveló estas señales: en la generación previa a la llegada del Mesías, los jóvenes harán palidecer de vergüenza a los ancianos. Y los ancianos se pondrán de pie ante los jóvenes, para rendirles honor, pues el descaro aumentará considerablemente. La hija se levantará contra la madre. La nuera se levantará contra su suegra. El rostro de la generación será como el rostro de un perro, pues no se avergonzarán en absoluto uno del otro por ninguna razón. Y el hijo no se avergonzará ante su padre.

Rabí Nejemia dijo: en la generación previa a la llegada del Mesías, la desfachatez aumentará; se deteriorará completamente el tratamiento honorable por el prójimo. La vid producirá uvas, y habrá vino, pero se venderá a un precio muy elevado. Todo el gobierno se torcerá hacia la incredulidad. Y no habrá reproche, pues el reprochado dirá al reprochador: «¡Tú haces lo mismo que yo hago!».

A continuación se esclarecen en el Talmud más profecías que se cristalizarían en la época previa a la venida del Mesías. Está escrito: «Cuando El Eterno juzgue a su pueblo, se apiadará de sus servidores, cuando vea que el poder del enemigo avanza, y a nadie lo salvan ni lo ayudan» (Deuteronomio 32:36). De este versículo se aprende que el hijo de David no vendrá hasta que los entregadores aumenten; otra cosa: hasta que se disminuyan los estudiosos; otra cosa: hasta que se acabe la moneda del bolsillo (Talmud, Tratado de Sanhedrín 97a).

Lo concerniente al aumento de los entregadores ya ocurrió, y también el olvido de la Torá, tal como narró el sabio Eljanán Vasserman, antes de morir asesinado en el holocausto nazi: «Hace algunas generaciones la Torá estaba presente en todo hogar judío. Después quedó sólo en las casas de estudio. En la actualidad, la Torá tampoco se encuentra en las casas de estudio. Todo el remanente de la Torá está centralizado únicamente en contadas academias, en distintas naciones» (Sefer Ikveta Demeshija). Además se reveló que habrá una crisis financiera mundial. Y no sólo eso, sino que en el pronóstico se manifiesta también que en esa época se producirá la globalización mundial de los mercados.

Observad lo que está escrito en la profecía de Zacarías respecto a la futura restauración de Jerusalén, tanto la de la era del Segundo Templo Sagrado, como la definitiva, la era mesiánica: «Vino a mí la palabra de El Eterno de los ejércitos, diciendo: Así ha dicho El Eterno de los ejércitos: celé a Sión con gran celo, y con gran ira la celé. Así ha dicho El Eterno: He regresado a Sión, y moraré en medio de Jerusalén; y Jerusalén se llamará Ciudad de la Verdad, y el monte de El Eterno de los ejércitos, Monte Sagrado».

«Así ha dicho El Eterno de los ejércitos: aún han de morar ancianos y ancianas en las calles de Jerusalén, cada cual con un bastón en su mano por sus muchos días. Y las calles de la ciudad estarán llenas de niños y niñas; ellos estarán alegres en sus calles».

«Así ha dicho El Eterno de los ejércitos: si esto parecerá maravilloso a los ojos del remanente de este pueblo en aquellos días, también será maravilloso delante de mis ojos, dice El Eterno de los ejércitos» (Zacarías 8:1-6).

En el Tratado talmúdico de Sucá se deduce que la razón de esta sorprendente y maravillosa manifestación será la eliminación del mal instinto. Y por los hombres que lo vencieron mientras estuvo presente e instaba a las personas a pecar; pero ellos, sobreponiéndose al mal y haciendo el bien, lo derrotaron *(véase* Talmud, Tratado de Sucá 52a).

La profecía sigue de este modo: «Así ha dicho El Eterno de los ejércitos: He aquí, Yo salvo a mi pueblo de la tierra del oriente, y de la tierra donde se pone el sol; y los traeré, y habitarán en medio de Jerusalén; y me serán por pueblo, y Yo seré a ellos por Dios, con verdad y justicia».

«Así ha dicho El Eterno de los ejércitos: esfuércense vuestras manos, los que oís en estos días estas palabras de la boca de los profetas, desde el día que se echó el cimiento a la casa de El Eterno de los ejércitos, para edificar el Templo. Porque antes de estos días no habrá paga de hombre ni paga de animal, y no habrá paz para el que sale y el que entra, a causa del enemigo; y Yo lanzaré a todos los hombres cada cual contra su compañero» (Zacarías 8:7-10).

Este pasaje profético revela que no habrá paga de hombre ni paga de animal porque faltará el trabajo, ya que no habrá bendición en la tierra. Por eso no se producirán contrataciones de personal, y las personas quedarán en paro; y tampoco los animales –los capitales– producirán ganancias, pues los dueños deberán invertir la totalidad de su valor en mantenerlos y alimentarlos, entonces, cuando los vendan, no les reportarán utilidades. Tal como fue anunciado para la época previa a la llegada del Mesías: «Se acabará la moneda del bolsillo» (Talmud, Tratado de Sanhedrín 97a; *véase* Radak, Even Ezra, Metzudat, Malbim en Zacarías 8:10).

Además se dijo en la profecía citada: «Y no habrá paz para el que sale y el que entra, a causa del enemigo». Rav dijo que esto incluirá a los eruditos estudiosos de la Torá, quienes de acuerdo con la lógica deberían salir y entrar en paz, como está dicho: «Tienen mucha paz los que aman tu Torá; y no hay para ellos tropiezo» (Salmos 119:165). Pero ahora, no habrá paz siquiera para ellos.

Shmuel dijo: «No habrá paz porque los precios estarán igualados» (Talmud, Tratado de Sanhedrín 98a).

Resulta que los comerciantes que emprenden viajes a lugares lejanos para conseguir mercaderías a mejor precio, y venderla en lugares distantes con el fin de obtener una buena diferencia, no encontrarán ninguna oportunidad. Pues no habrá grandes diferencias de precios, ya que todo estará globalizado (*véase* Talmud, Tratado de Sanhedrín 98a, Ben Iehioiadá, *ibid.*). Además, habrá una gran inseguridad en las calles, por lo que será dificultoso salir y entrar para realizar operaciones comerciales (*véase* Malbim Zacarías 8:10).

Se desprende de lo dicho que la época de los talones mesiánicos está asociada a un período de tiempo de crisis financiera mundial, globalización e inseguridad en las calles. Todo esto está indicado en la Biblia, y enraizado en el Tetragrama Divino. A través de estos datos es posible llegar a la raíz del asunto y comprenderlo para entender lo que sucedió en el pasado, comprender el presente y saber qué ocurrirá en el futuro y cómo salvarse.

III

EL ORIGEN DE LOS PADECIMIENTOS

Ya hemos detectado los orígenes de la situación que se atraviesa en la actualidad, y hemos visto también que estaba estipulado que sobrevendría desde antes de que el mundo fuese creado *(véase* I Zohar 117a). Ahora bien, ¿existe un modo de revertir ese caos y escapar de todos los problemas que nos agobian?

Es posible, pues todas las profecías enunciadas acerca de los últimos tiempos son condicionales. Y si los seres humanos lograran rectificarse y enmendaran la causa que produce los flagelos, las señales proféticas citadas pasarán a plano secundario. Y, a través de eso, se abriría inmediatamente la puerta de la Redención Final, como está escrito: «Volved, hijos rebeldes, y sanaré vuestras rebeliones» (Isaías 3:22).

En el Talmud también se abordó este tema, revelándose en forma manifiesta que El Eterno espera por nuestra rectificación, tal como se enseñó.

Rabí Eliezer dijo:

—Si los Hijos de Israel se rectifican, serán redimidos; y si no, no serán redimidos.

Rabí Iehoshúa oyó eso y le dijo a Rabí Eliezer:

—Si los Hijos de Israel no se rectifican, no serán redimidos –mientras permanezcan sin rectificarse–, pero eso no será definitivo, pues si eso ocurre, El Santo, Bendito Sea, hará que se levante un rey cuyos decretos serán tan duros como los de Hamán. Como consecuencia de ello los Hijos de Israel se rectificarán y se convertirán al bien (Talmud, Tratado de Sanhedrín 97b).

De esta cita talmúdica se desprenden dos enseñanzas extraordinariamente valiosas y, a su vez, estremecedoras. Por un lado, se aprecia que con rectificación se logrará la Redención. Aunque también hemos observado en la revelación de Rabí Iehoshúa que, en caso de no producirse la rectificación, se levantaría un rey duro como Hamán, quien emitiría decretos tan duros como los de éste. Y el holocausto nazi coincide perfectamente con ese pronóstico *(véase El misterio del holocausto revelado cap. 6)*.

Considérese que el famoso sabio Eljanán Vasserman vivió en la época del holocausto nazi, y fue víctima de él, pero antes de morir, y previamente a que se desatara el caos, vio lo que estaba sucediendo y advirtió a los Hijos de Israel que se rectificaran, aclarándoles que de lo contrario sobrevendría un holocausto.

El citado sabio describió en su libro *Ikveta Demeshija* el debilitamiento de la Torá por parte de los Hijos de Israel, y la grave crisis económica mundial que atravesaban en esa época. Asimismo, narró las graves divisiones internas que había en el pueblo. Escribió: «Si viniésemos a hablar hoy repentinamente, sería ineludible abordar temas de actualidad. ¿Y qué puede ser hoy más actual que el asunto de la crisis económica y la gran ruina que causa la aflicción del mundo entero?».

Además, advirtió a los de su generación: «¡Vosotros habéis perdido la fe en el Creador del mundo y en su Torá, —a través de la cual Él conduce al mundo—; por esta razón, os es tomada también la fe y la confianza en los hombres! Y ahora observad cómo es posible conducirse en un mundo sin fe».

A través de estas palabras el sabio explicó que, al perderse la fe entre los hombres, guardaban el dinero que poseían y lo sacaban del mercado. Preferían retenerlo en vez de arriesgarlo por esa falta de confianza a la que nos hemos referido. Y, como esa actitud se generalizó, dejó de circular el suficiente dinero y se produjo la crisis.

EL HORROROSO HOLOCAUSTO

Entonces se produjo el holocausto nazi, un pogromo bárbaro y devastador que comenzó con la Noche de los Cristales Rotos. Ése es el nombre con que se conoce el ataque iniciado en la noche del 9 de noviembre de 1938 por las fuerzas nazis, que se prolongó hasta la noche del día 10. En ese horroroso breve lapso de tiempo los nazis saquearon decenas de millares de hogares y comercios judíos, rompiendo los cristales y ultrajando impunemente, sin tregua ni contemplaciones de ningún tipo. Durante esas 24 horas de horror profanaron además los cementerios israelitas, y destruyeron más de 1.570 sinagogas, no dejando prácticamente ninguna sin destrozar y humillar en toda la nación. Las fuerzas del S.S. arrestaron a 30.000 judíos y los enviaron a campos de concentración. Además, asesinaron despiadadamente a 91 judíos.

A partir de ese momento los judíos vivieron un verdadero drama. Se sucedieron sufrimientos espeluznantes que parecían inacabables, padecimientos espantosos, exterminio masivo, vejámenes y humillaciones de todo tipo. El martirio se prolongó hasta el año 1945, en el cual el genocidio fue interrumpido por el triunfo de las fuerzas aliadas. Ese hecho histórico, como dijimos, coincide perfectamente con la revelación de Rabí Iehoshúa. Tras la milagrosa salvación de la población hebrea de los crímenes de los soldados nazis, comenzó una nueva etapa para el pueblo de Israel, pues empezaron a rectificarse y retornar a El Eterno. Volvieron a poblar la Tierra de Israel después de dos milenios, y construyeron millares de sinagogas y casas de estudio. Hicieron florecer el desierto y llenaron el territorio de casas que fueron habitadas por ellos mismos.

La trasformación fue masiva y prosiguió en aumento, cada vez con mayor intensidad. Pero aún quedaban millones de judíos afuera, que no se habían acercado a los preceptos de El Eterno, y muchos de ellos, por no tener información o medios que les provocasen ese despertar. Y así como se anunció que vendría un rey como Hamán, también se reveló que el Mesías no vendrá hasta que la generación sea totalmente merecedora o totalmente culpable (Talmud, Tratado de Sanhedrín 98a).

Ahora bien, debido a la dispersión, para que eso ocurriera deberían existir medios de información que llegarían a todos los lugares donde los Hijos de Israel se encuentran esparcidos. Son muchos los que están aislados completamente de todo contacto con el judaísmo desde hace décadas. Y he aquí que en forma milagrosa, en los últimos años se han abierto caminos inesperados, y medios de comunicación que llegan a los lugares más recónditos.

LOS MENSAJES DEL SIGLO XXI

Pero ésos no son los únicos mensajes de esta era: considérese que, cuando en el Talmud se pronosticó de la crisis financiera mundial, también se mencionó la globalización de los mercados. También se anunció que numerosas aflicciones y severos decretos se renovarán permanentemente en el mundo, como se enseñó: «Antes de acabarse el efecto de la primera consternación, ya vendrá la próxima» (Talmud, Tratado de Sanhedrín 96b). Y en la actualidad eso está sucediendo al pie de la letra, coincidiendo en forma clara y manifiesta con el pronóstico; no salimos de un flagelo, que ya nos sobreviene uno nuevo. Es asombroso y estremecedor. Y cada suceso que ocurre no es vano, sino que contiene un mensaje intrínseco que debemos captar. Por tal razón, a continuación, veremos un resumen de los hechos destacados ocurridos en el comienzo del siglo XXI, e interpretaremos su mensaje.

En el año 2001, el 11 de septiembre, los terroristas de una banda se dividieron en cuatro grupos, secuestraron cuatro aviones de pasajeros y atacaron cuatro objetivos.

Se aprecia en este suceso una evidente alusión al Tetragrama, cuyas cuatro letras deben rectificarse y volver a unirse para que el mundo se corrija definitivamente.

Seguimos observando: el 11 de marzo de 2004 se vuelve a producir un serio atentado y nuevamente contra cuatro objetivos. En ese día se produjeron una serie de ataques terroristas en cuatro trenes de la red de Cercanías de Madrid.

El jueves 7 de julio de 2005, cuatro poderosas y mortíferas detonaciones conmovieron la mañana londinense. Tres bombas explotaban en tres vagones de tres trenes del metro de Londres, y un cuarto artefacto explosivo estallaba esa misma mañana en un autobús que recorría las calles de la ciudad.

El 29 de agosto de 2005 el huracán Katrina azotó el sur y el centro de Estados Unidos produciendo grandes destrozos en cuatro estados: Florida, Bahamas, Luisiana y Misisipi.

En numerosos desastres ocurridos en los últimos tiempos, se aprecia una clara alusión al Tetragrama. Y cuando el número que se registraría en el suceso era otro, pero la intención de El Eterno era mostrarnos una señal evidente, los demás elementos del siniestro desaparecían o no funcionaban, como en el caso de los tres artefactos adicionales que no estallaron en Madrid: estaba claro que debía constar el número cuatro, y no había lugar para un quinto acontecimiento. Se trataba en todos los casos de una señal que tenía por objetivo despertar a las personas para que hicieran algo que posibilitara a las letras del Tetragrama que se han separado volver a unirse (*véase* Numerología y Cábala cap. 3).

LA SOLUCIÓN REQUIERE RECTIFICACIÓN

Estos casos son una muestra clara del mensaje que se trasmite de lo Alto a través de ellos. Y lo mismo hallaremos analizando los otros sucesos que ocurrieron, como el destierro de Gush Katif.

Los archivos nos revelan que el día 15 de agosto de 2005 fueron expulsados de sus hogares los colonos que vivían en Gush Katif desde hacía varias décadas. Y este suceso tampoco pasó desapercibido a los ojos de El Eterno, que vigila en todo momento la Tierra de Israel, como está escrito: «Pues la Tierra a la que venís para poseerla no es como la tierra de Egipto de la que os fuisteis, donde plantabas tu semilla y la regabas a pie, como un huerto de vegetales. Pero la Tierra por la que cruzáis para poseerla es una Tierra de montañas y de valles; de la lluvia de los Cielos beberás agua. Una Tierra que El Eterno, tu Dios, examina. Los ojos de El Eterno, tu Dios, siempre están puestos en ella, desde el comienzo del año hasta el fin del año» (Deuteronomio 11:10-12).

La cita es clara y evidente, los ojos de El Eterno están dirigidos a la Tierra de Israel todos los días del año para observar lo que ocurre en ella. Y aun así, se fijó que el último plazo para que los colonos abandonaran sus casas sería la fecha hebrea 10 de Av. O sea, el mismo día en que el Templo Sagrado, que era la fuente de abundancia de todo el mundo, fue quemado por completo. Ya que fue encendido el día 9 de Av y durante el 10 de Av estuvo ardiendo, envuelto en llamas y quemándose completamente *(véase Enigmas y misterios del Talmud y la Cábala* pág. 114).

EL DESARRAIGO

El ejército cumplió al pie de la letra con el decreto que había sido estipulado sobre los moradores de Gush Katif. Las fuerzas armadas terminaron de desalojar a todos los colonos el día 22 de agosto de 2005. Y precisamente al día siguiente, en otra parte del mundo se anunciaba la aproximación de una seria amenaza, pues el Centro Nacional de Huracanes de Estados Unidos informaba de la formación de la depresión tropical 12 sobre el sureste de las Bahamas. El 24 de agosto se alertó sobre la intensificación de la depresión, y se anunció que se había convertido en la tormenta tropical Katrina. Después se convertiría en huracán y arrasaría todo lo que hallaba en el camino. Finalmente, el día 29 de agosto de 2005 impactaba con toda su furia causando severos daños. Katrina dejaba un saldo de más de 1.300 personas muertas y miles de habitantes damnificados, sin viviendas.

LAS CONSECUENCIAS DEL HURACÁN

Los daños causados por el huracán fueron muy graves y el suceso siguió ocupando las principales páginas de los medios informativos del mundo durante mucho tiempo.

Tres meses más tarde, el diario *El País* publicaba este informe:

> Tres meses después de que el huracán Katrina matara a más de 1.300 personas en Nueva Orleans y dejara inhabitables

alrededor de 100.000 viviendas, tres de cada cuatro vecinos viven fuera de la ciudad. Muy pocas zonas tienen gas y agua. Sólo un colegio público ha abierto, en un sistema que contaba con 55.000 alumnos antes de la tragedia. Más de cinco millones de toneladas de escombros y basuras esperan aún a ser recogidas. Las autoridades locales reclaman más dinero para la reconstrucción, pero muchos congresistas de Washington opinan que en el Estado de Luisiana no se gasta el dinero de las ayudas de forma eficaz y honesta. Algunas fuentes estiman que reparar los daños llevará al menos cinco años.

Pocos días después del huracán Katrina, George W. Bush voló hasta la devastada ciudad de Nueva Orleans. Su equipo llevó consigo inmensos generadores que iluminaron teatralmente la catedral de San Luis y la plaza de Jackson. Desde ese escenario, el presidente de EE UU prometió hacer «lo que fuera necesario» para reconstruir Nueva Orleans. «No es posible imaginar EE UU sin Nueva Orleans», dijo Bush solemne. «Esta gran ciudad renacerá», subrayó. Poco después se apagaron las luces. Y el presidente se marchó. Desde entonces, inmensas partes de la ciudad siguen en la más absoluta oscuridad.

El País, domingo, 11 de diciembre de 2005.

LA ENFERMEDAD DEL PRIMER MINISTRO

Mientras esto ocurría, los medios de comunicación anunciaban una nueva noticia: el primer ministro israelí Ariel Sharon había sufrido un derrame cerebral. *BBC Mundo* publicó:

El primer ministro de Israel, Ariel Sharon, fue hospitalizado este domingo tras sufrir un leve derrame cerebral.

Según informa la prensa local, Sharon –de 77 años– se encontraba inconsciente cuando fue ingresado de emergencia al hospital Hadassah Ein Kerem en Jerusalén.

Un portavoz del centro médico dijo más tarde que el premier israelí ya había recuperado el conocimiento.

Un parte firmado por las autoridades del hospital afirma que su vida no corre peligro y que está siendo sometido a exámenes médicos.

Se espera que permanezca en el hospital al menos dos días.

BBC Mundo, domingo, 18 de diciembre de 2005.

UN NUEVO REVÉS

Muchos pensaron que Sharon se recuperaría rápidamente, pero días más tarde una nueva noticia ocupaba los titulares de los diarios: «Ariel Sharon sufrió un derrame cerebral».

El diario *El País* publicó:

El primer ministro israelí, Ariel Sharon, de 77 años, fue intervenido ayer de urgencia en el quirófano del hospital Hadassah de Jerusalén tras sufrir una hemorragia cerebral masiva, mucho más grave que el leve infarto que tuvo el pasado 18 de diciembre. Con un semblante triste y solemne, el secretario del Gobierno, Israel Maimón, anunció que, tras hablar con Sharon y con el asesor fiscal del Ejecutivo, Mani Mazuz, y vista la gravedad de la situación, las funciones del primer ministro han sido trasferidas de forma provisional al viceprimer ministro, Ehud Olmert.

Tras este inesperado anuncio, que confirmaba la gravedad del infarto, el director del hospital, el doctor Shlomo Mor Yosef, ofrecía un diagnóstico muy pesimista: «El primer ministro ha tenido un infarto cerebral muy grave. Para examinar y hacer una evaluación exacta, ha sido anestesiado y está bajo respiración artificial». Al cabo de unos minutos, añadía: «Sufre una hemorragia cerebral, por lo que ha sido llevado a la sala de operaciones para ser intervenido». La cirugía es imprescindible en estos casos para frenar la hemorragia provocada por un nuevo coágulo que habría obstruido el riego en el cerebro de Sharon.

El País, jueves, 5 de enero de 2006.

Desde ese día Sharon quedó confinado a la cama de un hospital en una situación complicada. *La Vanguardia* publicó lo siguiente tres meses después de lo ocurrido:

Sharon ha perdido una cuarta parte del cráneo en las operaciones a que ha sido sometido.

Una cuarta parte del cráneo del primer ministro israelí, Ariel Sharon, le fue extirpada durante una serie de operaciones en el cerebro a principios de enero y los neurocirujanos estudiaban la posibilidad de efectuarle más intervenciones la próxima semana para reimplantárselo, según afirmó hoy el diario *The Jerusalem Post*.

Ron Krumer, un portavoz del hospital Hadassah de Jerusalén, donde Sharon ha estado en coma desde que sufriera una apoplejía el 4 de enero, declaró a The Associated Press que especialistas de otros hospitales se han reunido con cirujanos del Hadassah para discutir sobre la atención médica a Sharon.

Los médicos señalaron que cada día que Sharon, de 78 años, pasa sin recuperar el conocimiento, disminuyen sus posibilidades de curación. Sharon ha sido sometido a siete operaciones, entre ellas tres en el cerebro. También le fue extirpado parte de su colon, ya que comenzó a sufrir necrosis.

La Vanguardia, 31 de marzo de 2006.

SIETE AÑOS DE SUFRIMIENTO

Siete años pasaron desde que el primer ministro enfermó, y en todos esos años no se vieron síntomas de recuperación. Esto publicó el diario *ABC*:

Ariel Sharon cumple su séptimo año en coma.

El ex primer ministro israelí Ariel Sharon llega hoy a su séptimo año en coma cada vez más en el olvido y con el que fuera su principal enemigo en el Likud, Benjamín Netanyahu, a punto de revalidar la jefatura de Gobierno en las elecciones del próximo día 22.

Hoy se cumple el séptimo aniversario del día en que Sharon, que tiene ahora 84 años, sufrió una hemorragia cerebral que le mantiene postrado en el hospital Tel Hashomer, cerca de Tel Aviv, y que ha ido perdiendo progresivamente la atención de los medios y la población.

Su estado de salud es, oficialmente, el mismo, sin mejorías ni empeoramientos conocidos, con uno de sus hijos, Guilad, defendiendo en una entrevista en 2011 que, «cuando está despierto», su padre le mira y «mueve los dedos» si se lo pide.

ABC, 3 de enero de 2013.

ACTIVIDAD CEREBRAL

Días más tarde se conoció una noticia que, si bien considerando las perspectivas de evolución del exprimer ministro era alentadora, por otro lado, revelaba la gravedad del sufrimiento que atravesaba. Esto publicó CNN:

> Ariel Sharon presenta «actividad cerebral significativa» tras 7 años en coma.
>
> Médicos de Israel aseguraron este lunes que detectaron «actividad cerebral significativa» en los exámenes realizados al ex primer ministro israelí Ariel Sharon, quien presentó un derrame cerebral que lo puso en estado de coma desde 2006.
>
> Durante las pruebas que realizaron la semana pasada, los científicos del cerebro mostraron a Sharon fotos de su familia, lo hicieron escuchar la voz de su hijo y realizaron estimulación táctil. Los especialistas se sorprendieron cuando los análisis indicaron que su cerebro estaba procesando los estímulos adecuadamente.
>
> CNN, 28 de enero de 2013.

UNA ADVERSIDAD PARALELA

Ahora bien, lo ocurrido con Sharon en 2006 no fue la única noticia desdichada que involucraba a Israel en ese momento. Pues poco tiempo después de que sufriera la hemorragia cerebral, el 12 de julio de 2006, se desató la Guerra del Líbano, un conflicto armado entre las fuerzas armadas israelíes y la organización chiíta Hezbolá. Ahora, el ejército que había participado de los desalojos de Gush Katif hacía frente a esta nueva guerra.

El ejército israelí era considerado hasta esa fecha muy poderoso, pues había salido airoso de duras batallas después de la fundación del Estado, incluso guerreando contra ejércitos extremadamente superiores en número. La Guerra de los Seis Días, por ejemplo, hizo recordar al mundo entero los milagrosos triunfos de los hebreos narrados en la Biblia. La Guerra de los Seis Días se desató en junio de 1967, y el triunfo de Israel fue extraordinario, mientras que para los pueblos árabes fue una derrota humillante.

Debe considerarse que con tan sólo dos décadas de existencia, la nación israelí salió a librar una batalla múltiple, debiendo combatir en todos los flancos; y desafiando a la lógica, su ejército destruyó las fuerzas armadas de las poderosas naciones de Egipto, Siria y Jordania, además de conquistar la parte oriental de Jerusalén, un lugar estratégico e histórico, el sitio donde en la Antigüedad se erigía el Templo Sagrado. Y todo esto ocurrió en tan sólo seis días.

La legión israelita tomó el control en esa operación de cuatro objetivos importantes ubicados en las fronteras territoriales: el desierto del Sinaí, la Franja de Gaza, las Alturas del Golán y Cisjordania.

En esa guerra fue fundamental la participación de Ariel Sharon. *Emol* publicó:

Ariel Sharon habría motivado la declaración de guerra a los árabes en 1967.

El Primer Ministro de Israel, por esos años general del Ejército, habría instado al jefe del Estado Mayor, Itzak Rabin, a lanzar el sorpresivo ataque contra los árabes que dio inicio a la Guerra de los Seis Días, según una investigación de las Fuerzas Armadas israelíes.

Tel Aviv.– Durante la vigilia de la Guerra de los Seis Días, entre israelíes y árabes, en junio de 1967, el Primer Ministro Ariel Sharon, a la sazón general del Ejército, propuso al jefe del Estado Mayor, Itzak Rabin, terminar con las dudas del gobierno de Levy Eshkol declarando la guerra a Egipto, Jordania y Siria.

Ésa es la conclusión a la que llegó el periódico israelí *Haaretz* que adelanta parte de los informes que publicará próximamente el Departamento para la Investigación Histórica de las Fuerzas Armadas israelíes.

Emol, martes, 16 de noviembre de 2004.

BBC Mundo publicó:

Sharon recibió el grado de brigadier general y como tal dirigió una división durante la Guerra de los Seis Días de junio de 1967, en la que Israel capturó Jerusalén Oriental, Cisjordania y la Franja de Gaza.

Las estrictas medidas puestas en vigor por Sharon dieron a los palestinos una idea del hombre que se convertiría en su enemigo jurado.

BBC Mundo, martes, 4 de diciembre de 2001.

El triunfo de la Guerra de los Seis Días fue histórico, y catapultó al ejército israelí a lo más alto. El respeto que se impuso con esa victoria fue rotundo. Y muchos otros triunfos fueron acumulados desde esa fecha, lo que aumentó los pergaminos del gran ejército.

Sin embargo, la Guerra del Líbano librada en 2006 fue muy distinta, los resultados no fueron los esperados. Se llevó a cabo una fuerte incursión terrestre, pero no se lograron los objetivos y hubo una gran desilusión. Se perdieron muchas vidas y también el respeto que existía por el poderío de la armada israelí.

Texto publicado por BBC Mundo:

Israel: la guerra con Líbano fue «un fracaso».

La guerra de Israel con la organización político-militar Hezbolá en Líbano, en 2006, fue un «serio y gran» fracaso, de acuerdo con una comisión que investigó la actuación del gobierno israelí durante el conflicto.

BBC Mundo, miércoles, 30 de enero de 2008.

Esto publicó *El Día*:

Fue «un gran y severo fracaso», una oportunidad perdida, en la que el Ejército «no logró ninguno de sus objetivos», debido a los «graves fallos al más alto nivel político y militar». Transcurridos 485 días del término de la contienda que Israel libró en verano de 2006 contra Hezbolá, la comisión llamada a investigar la conducta del Gobierno y de las Fuerzas Armadas hebreas admitía con esta rotundidad los errores habidos en el proceso de decisiones que provocaron, entonces, que «una organización paramilitar resistiera al Ejército más potente de Oriente Próximo durante semanas.

La comisión encabezada por el juez retirado Eliyahu Winograd difundía ayer sus conclusiones finales en medio de una desorbitada expectación mediática, después de haber examinado más de 100.000 documentos, tomado 74 testimonios y escrito 500 folios de reflexiones.

El Día, jueves, 31 de enero de 2008.

NUEVO CLIMA DE GUERRA

En el año 2008 se volvió a vivir en Israel un irrespirable clima de guerra. Los habitantes que moraban en el sur del país vivían pendientes de las sirenas que anunciaban la caída inminente de proyectiles, por lo que debían correr a ponerse a resguardo en los refugios subterráneos en unos pocos segundos.

El estrés era insoportable y los momentos de calma casi no existían. Constantemente había que abandonar las casas y correr a refugiarse. Las clases en los colegios permanecieron suspendidas durante muchos días. La actividad comercial se paralizó. Era un verdadero caos. Ese cuadro provocó que millares de familias abandonaran sus hogares buscando un lugar más seguro para vivir.

Todo se agravó el 24 de diciembre de 2008, cuando grupos armados palestinos lanzaron un centenar de proyectiles y cohetes contra el sur de Israel. Al día siguiente, se anunció una intervención a gran escala, pero los ataques no cesaron, por eso, tres días más tarde, el ejército israelí comenzó el ataque enviando aviones y helicópteros para que bombardearan más de 50 objetivos de Hamás en Gaza. Así se dio comienzo a la operación denominada Plomo Fundido.

Los resultados de la ofensiva fueron satisfactorios para la armada israelí, pero los ataques de los grupos armados palestinos no cesaron. Siguieron lanzando cohetes y proyectiles contra el territorio israelí a objetivos civiles, por lo que se decidió realizar una incursión terrestre.

LA GUERRA DE GAZA

La batalla que el ejército israelí debía librar se suponía durísima. El hecho de enfrentarse con los terroristas de Gaza en su propio territorio, que conocían a la perfección, era sumamente peligroso. Después de lo ocurrido con el Líbano, los temores de un fracaso eran muchos, y además de esos fantasmas, se sabía que esta incursión se asemejaba en varios aspectos a la guerra de Vietnam, donde los estadounidenses sufrieron mucho.

Pero era necesario hacerlo y la incursión terrestre se inició. Los diarios de todo el mundo siguieron el hecho e informaban de la situación. *El País* publicó lo siguiente:

> Israel se ha lanzado a la guerra urbana en Gaza. Los combates entre el Ejército israelí y los miembros de Hamás han llegado a las calles de la ciudad de Gaza, parcialmente destruida tras diez días de bombardeos por parte de las fuerzas israelíes. Tras la incursión del domingo, que partió en dos la franja, el Ejército israelí emprendió este lunes una nueva fase en su invasión terrestre que consiste en la búsqueda y destrucción de la «infraestructura terrorista», tal y como han informado fuentes militares.
>
> *El País*, 5 de enero de 2009.

Pero esta vez no ocurrió como con la Guerra del Líbano, los avances de las milicias israelíes fueron contundentes e implacables. Los soldados entraron en el terreno enemigo y terminaron con los guerrilleros sin sufrir prácticamente bajas. Fue una victoria rotunda y categórica, por eso no faltó quien comparara ese triunfo con las gloriosas victorias del pueblo de Israel en tiempos bíblicos.

Incuestionablemente fue un hecho que no deja dudas acerca de Quién otorga a Israel la posibilidad de triunfar y al mundo de existir. La Guerra del Líbano se produjo tras el abandono de ciudadanos israelíes de sus hogares, y esta guerra se libró en defensa de los pobladores que debieron dejar sus hogares para que les fuese posible volver a habitarlos confortablemente. En la primera guerra los objetivos no fueron los esperados, pero en ésta sí.

Todo lo analizado nos sirve para extraer una conclusión puntual: Dios solicita de nosotros justicia y retribuye medida por medida. Tal como el profeta Miqueas declaró: «Hombre, te diré lo que es bueno, y qué solicita El Eterno de ti: únicamente hacer justicia, y amar la bondad, y conducirte recatadamente ante tu Dios» (Miqueas 6:8).

IV

LA RAZÓN DE LOS DESASTRES

Ya hemos apreciado cuál es la causa que provoca los desastres. A continuación, observaremos minuciosamente lo relacionado con la retribución medida por medida, y lo enunciado en el versículo del profeta Miqueas, anteriormente mencionados, pues ahí se encuentra la clave para salir airosos de toda adversidad.

Para comprender este asunto analizaremos una de las complicaciones naturales que agravó ostensiblemente la crisis mundial, los desequilibrios causados por el cambio climático, ya que este fenómeno tiene una gran similitud con lo mencionado en el capítulo previo.

Hemos hecho referencia a diversos casos de zonas en las que hubo abundancia de agua, lo que causó grandes desastres, y también hemos visto que en otras regiones reinaba la sequía, provocando graves trastornos.

Uno de los países más afectados fue Argentina, considerado hasta entonces entre los productores ganaderos y de cereales más prósperos del planeta. Pero en 2009, a causa de la sequía, los productores no podían ni siquiera abastecer el mercado interno.

El País publicó:

> Argentina sufre su peor sequía.
>
> Argentina, el granero del mundo y el mayor productor de carne de vacuno, sufre la peor sequía de los últimos 50 años, con miles de animales muertos de sed y de falta de forraje y unas pérdidas de cosechas de maíz y trigo que en algunos lugares llegan al 40 % y que en el conjunto del país superan ya el 10 % de la producción agrícola global. La presidenta, Cristina Fernández de Kirchner, ha aprobado la declaración de emergencia agropecuaria nacional, que difiere durante un año el pago de diferentes tipos de impuestos, y la distribución directa, de urgencia, de miles de toneladas de grano, destinadas a evitar la muerte del ganado en zonas de la llamada Pampa húmeda.
>
> *El País*, jueves, 29 de enero de 2009.

El Mundo publicó:

> El capataz de la hacienda de Los Cauquenes, Mario Yayu, escupe de costado y el suelo reseco a sus pies absorbe al instante el salivazo. «¿A quién se le ocurrió que Argentina es el granero del mundo? Habrá sido hace tiempo porque en los últimos años hasta los cardos se mueren», masculla, con la vista pérdida en el páramo sembrado con las osamentas de las reses que murieron de hambre o de sed. De las 900 cabezas de ganado con que contaba esa hacienda,

de la provincia norteña de Chaco, sólo 40 aún resisten a la peor sequía que haya padecido la Argentina en los últimos cincuenta años.

El Mundo, 6 de noviembre de 2009.

UNA SEQUÍA COLOSAL

¿Cuál era la causa de esa terrible sequía? Las propuestas eran diversas: ¡El cambio climático! ¡El calentamiento global! ¡Las negligencias del hombre! ¡Manipulación de sustancias químicas perjudiciales y no reciclables! Y sobre todo se culpaba al fenómeno atmosférico denominado La Niña.

El País publicó:

> El último informe del Instituto de Tecnología Agropecuaria (INTA) indica que las isoyetas (líneas de lluvia) se han desplazado hacia el oeste del país, donde los terrenos que se extienden a los pies de la cordillera de los Andes no son aptos para la agricultura o la ganadería intensiva. Esto se debe al enfriamiento de las aguas ecuatoriales del Océano Pacífico, a partir del 2008. De persistir este fenómeno, conocido como La Niña, se agostaría por completo la «franja verde» que atraviesa las fértiles provincias de Buenos Aires, Córdoba, Entre Ríos, La Pampa y Santa Fe.

El País, viernes 6 de noviembre de 2009.

EL FENÓMENO «LA NIÑA»

Este fenómeno era muy temido, pues se sabía que históricamente había causado serios disturbios. Por eso, cuando en

2007 La Niña comenzó a formarse, causó preocupación. *El Mundo* publicó lo siguiente:

> «La Niña» empieza a formarse y amenaza con una intensa temporada de huracanes.
>
> Según los científicos estadounidenses, «La Niña» se puede dar oficialmente por acabada. Los meteorólogos advierten de que las condiciones desfavorables pueden durar años. El último período largo de La Niña fue entre 1998 y 2001, y favoreció graves sequías.
>
> *El Mundo*, jueves 1 de marzo de 2007.

Ahora bien, por más que la sequía sea provocada por un fenómeno natural, como lo es La Niña, es necesario considerar que para que se produzca su formación son determinantes diversos otros factores, como los vientos, que inciden en el cambio de la temperatura de la superficie del mar. Y si los vientos no causaran ese cambio, pueden pasar muchos años sin que La Niña se despierte. ¿Y quién hace soplar los vientos? «El Que hace que el viento sople y que la lluvia descienda» (Talmud, Tratado de Taanit 2a).

Y para determinar los vientos que soplarán, y la lluvia que caerá, El Eterno juzga medida por medida, como fue enseñado: «En cuatro períodos del año el mundo es juzgado: en la festividad de Pesaj por el grano, en la festividad de Shavuot por el fruto del árbol, en Rosh Hashaná todos los hombres que vienen al mundo pasan ante Él como *bnei marón* —es decir, esas ovejas que las cuentan para diezmarlas, y las hacen salir por una puerta estrecha una por una—, como está dicho: «Quién forma sus corazones al mismo tiempo, Quién entiende todas sus acciones» (Salmos 33:15); y en la festividad de Sucot son juzgados por el agua –determinándose las lluvias que caerán–» (Talmud, Tratado de Rosh Hashaná 16a).

Por lo tanto, para comprender el misterio de la sequía en la Argentina se deben observar las acciones previas ocurridas en esa nación, y después extraer conclusiones.

UNA CRISIS DEVASTADORA

La historia revela que la sequía de 2009 sucedió a otra que se produjo en el año anterior. Y esas adversidades tuvieron lugar después de varios sucesos desdichados, entre ellos una grave crisis económica y serios problemas sociales, como reiterados cambios en la conducción del país.

Éste es el resumen de los sucesos destacados ocurridos en esa nación desde el comienzo de la década en la que se produjo la grave sequía: el presidente Fernando de la Rúa había asumido el poder en 1999 en medio de una época de recesión. De la Rúa pretendió mantener la Ley de Convertibilidad legislada en tiempos de su antecesor, Carlos Menem, aunque como consecuencia de ello el endeudamiento exterior aumentaba continuamente. La economía era muy inestable, y el cambio permanente de ministro de economía lo demostraba. Se sucedieron en el cargo: José Luis Machinea, Ricardo López Murphy y Domingo Cavallo.

A fines de noviembre de 2001, sucedió un hecho crítico para la estabilidad económica del país, los grandes inversionistas comenzaron a retirar sus depósitos de los bancos. Como consecuencia de la fuga de capitales, el sistema bancario se colapsó. En un intento desesperado por retener los capitales que aún permanecían en las arcas, el ministro Domingo Cavallo anunció una nueva política económica. Entre el paquete de medidas se implantaba una serie de restricciones al retiro de depósitos bancarios, denominado «corralito». El mismo afectaba a todos los pobladores, y limitaba las sumas que podían ser retiradas de los bancos.

El 19 de diciembre de 2001 se produjo una ola de saqueos a supermercados y tiendas ubicadas en distintos puntos del conurbano. Esa misma noche el presidente De la Rúa decretó el estado de sitio. No obstante, miles de personas salieron en la ciudad de Buenos Aires a las calles para protestar contra la política económica. Hubo reiteradas marchas de protesta en las cuales los manifestantes golpeaban cacerolas. Por esa razón, se denominó a esas manifestaciones: «cacerolazos».

En la madrugada del 20 de diciembre también hubo protestas. Las mismas se manifestaron fundamentalmente frente a la residencia del ministro de Economía, y en la popular Plaza de Mayo, frente a la Casa de Gobierno. Como consecuencia de las airadas protestas, el ministro de Economía Domingo Cavallo presentaba su renuncia.

Durante el mediodía la policía montada reprimió duramente a los manifestantes que quedaban en la Plaza de Mayo. Esta represión fue cubierta por una gran cantidad de medios de comunicación y generó que más manifestantes llegaran masivamente al lugar. A medida que avanzaban las horas, los incidentes cobraban mayor intensidad. Se produjeron feroces choques con la policía, y hasta hubo muertos.

Pasadas las 19 horas, el presidente De la Rúa se encontraba totalmente cercado por la crisis, y ya no contaba con respaldo político. Por eso, presentó su renuncia al cargo presidencial, y abandonó la Casa Rosada en helicóptero.

EL CONFLICTO ADMINISTRATIVO

El poder gubernamental pasó efímeramente por diversas manos. Finalmente, Eduardo Duhalde fue proclamado presidente de la Nación hasta el 2003 por votación de la Asamblea Legislativa. La fecha de asunción del poder fue el 2 de enero de 2002.

En su discurso de asunción Duhalde declaró: «No es momento, creo, de echar culpas; es momento de decir la verdad, la Argentina está quebrada».

Con Duhalde como presidente la economía comenzó a estabilizarse y los mercados a recuperarse. Este presidente terminó el plazo de su mandato y fue sucedido por Néstor Kirchner, quien completó un gobierno relativamente estable. Finalmente Kirchner, después de ser reelecto, y tras terminar su mandato, fue sucedido en el cargo por su esposa, Cristina Kirchner.

Durante el mandato de Cristina Kirchner sobrevinieron serios conflictos con el sector agropecuario.

Los analistas manifestaron que el conflicto radicaba en que el campo había sido el motor del crecimiento económico de Argentina después de la severa crisis de 2001. Teniendo en cuenta el importante rol desempeñado por el campo en la recuperación económica, el gobierno veía en el agro una importante fuente de recaudación de impuestos. Pero esto disgustaba enormemente a los agricultores, quienes no deseaban ceder sus ingresos.

Los analistas revelaron que Argentina era hasta esos momentos el tercer productor mundial de soja y uno de los mayores exportadores mundiales de carne.

Este conflicto desató una verdadera guerra entre el gobierno y los productores agropecuarios.

El 11 de marzo de 2008 los productores agropecuarios bloquearon los puertos durante dos días. Dos días más tarde, las cuatro entidades de los productores agropecuarios se asociaban y, en conjunto, declaraban una huelga comercial. Además, bloquearon carreteras en diversos puntos del país.

En la ciudad de Buenos Aires se volvieron a ver concentraciones con cacerolas, protestando contra la política estatal. El 26 de marzo fuentes gubernamentales advirtieron de que enviarían a las fuerzas de seguridad para despejar las carreteras.

El 27 de marzo acontecía un hecho previsible. Comenzó a darse el desabastecimiento de alimentos básicos en los expositores de los supermercados y autoservicios. Esto ocurría en todo el país. Los consumidores recorrían los centros de abastecimiento y no conseguían más que fideos o conservas. Había escasez de carne, leche y frutas.

Los productores con sus camiones cargados permanecían en las carreteras sin dar marcha atrás en su protesta que consideraban justa y legítima. Muchos de ellos derramaban las frutas que trasportaban en señal de protesta.

El 28 de marzo los productores tomaban la determinación de suspender los bloqueos de las carreteras. Asimismo, se habilitaba una mesa de negociaciones con el ente gubernamental. Pero la misma fracasó debido a la falta de acuerdos. Como consecuencia del desacuerdo, los productores retomaron los piquetes.

El 1 de abril los productores agropecuarios permitían el tránsito de camiones con alimentos perecederos, como lácteos y hortalizas.

El 30 de abril los productores llegaron a un acuerdo con el gobierno para que se reanudasen las exportaciones de carnes y trigo. Sin embargo, el 2 de mayo se retomaron las protestas, pero esta vez sin bloquear las carreteras.

El 29 de mayo, tras airadas negociaciones, el ente gubernamental anunciaba una enmienda del paquete de impuestos para las exportaciones de granos. Sin embargo, los cambios no dejaron satisfechos a los productores.

CONSECUENCIAS DEL CONFLICTO

Los cortes de las carreteras impedían a los productores de leche trasportarla a su destino. Por tal razón, estos derramaban en las carreteras miles de litros. Los medios de comunicación cubrían el hecho publicando notas descriptivas del vertido de leche. También mostraban imágenes en las que se veía a los trasportistas derramando sobre el suelo la rica producción que trasladaban.

El diario *Página 12* publicó:

Adolescentes frescos, rapiditos e inteligentes, como los quiere el mercado, y la relación entre esos atributos y la escuela. La leche derramada, sustraída de bocas pequeñas y pobres. ¿Hay algo que justifique semejante desvío?

La imagen se abrió paso brutalmente: el camión abrió sus compuertas traseras y por allí comenzó a salir el chorro.

La leche se derramó sobre el pasto. Litros de leche, o mejor dicho: leche desfigurada en su abundancia, para ojos de espectadores acostumbrados a mirarla por litro. Se la veía salir airada, materia inerte pero todavía viva, sustancia vital para tantos niños argentinos, destinada a morir allí, en el cuadro de la lente, televisada, hecha símbolo. Otro símbolo violento.

Página 12, lunes, 9 de junio de 2008.

El diario *Clarín* publicó:

Por los cortes, se pierden cuatro millones de litros de leche por día.

Es porque los camiones no pueden llegar a las plantas de procesamiento. Para los productores, representa una pérdida de US$ 1 millón diarios. Esa leche alcanzaría para darle dos vasos al día a cada uno de los chicos del país.

Diario Clarín, viernes 13 de junio 2008.

Esto había ocurrido durante las protestas y los cortes de carretera con todo tipo de alimentos perecederos. Lácteos, frutas y verduras. Era un caos. Un hecho nunca visto. Toneladas de alimento arrojadas, mientras millares de personas que se encontraban a pocos kilómetros de allí sufrían hambre.

CONSECUENCIAS DE UNA INJUSTICIA

Es verdad que los productores tenían el derecho de reclamar, y el gobierno de defender su política. Pero aun así, seguramente era posible evitar la pérdida voluntaria de toneladas de alimentos.

El Santo, Bendito Sea, es bondadoso y otorga abundancia, pero asimismo es muy riguroso cuando se desaprovecha. Por tal razón, en la ley se estipula la prohibición absoluta de avergonzar a los alimentos.

Considérese que en el Código Legal se advierte que no se debe arrojar el pan. La razón es porque hay una ley que prohíbe avergonzar a un alimento arrojándolo y causando que se arruine. Por eso, también se prohíbe utilizar el pan como apoyo para colocar sobre él una cacerola u otro elemento, pasar sobre el pan un vaso o un plato lleno de bebida, o llevar a cabo cualquier acto que cause desprecio al pan u otro alimento.

En cambio, si un alimento no se estropea al arrojarlo, como el arroz, cuando se tira a los novios, está permitido, siempre y cuando sea en un lugar limpio, y el arroz pueda ser recogido después de eso (Código Legal –Shulján Aruj–: *Oraj Jaim* 171: 1; Mishná Brurá).

De acuerdo con lo manifestado en esta ley, podemos comprender que la situación expuesta, ocurrida en Argentina, no fue bien vista por El Santo, Bendito Sea. Y como prueba de ello, en los meses siguientes tuvo lugar un hecho inesperado. Una nación tan rica y con lluvias abundantes atravesó la peor sequía que se recuerde. Millares de hectáreas sembradas se perdieron, muchos animales murieron por carecer de alimento. Fue, en verdad, un cuadro caótico. Cuando eso ocurrió, el gobierno en vez de mantener pleitos con el campo, se vio obligado a ayudarlo para que los campesinos pudiesen salvar lo que aún había quedado en pie.

A partir de este suceso apreciamos una nueva prueba contundente de que El Santo, Bendito Sea, rige su mundo medida por medida. Según cómo nos conducimos con las bondades que Él nos otorga, y también con nuestro prójimo, según ese parámetro, Él conducirá el mundo. Tal como los sabios cabalistas enseñaron: cuando prevalece la bondad entre los seres humanos, El Eterno conduce el mundo mediante el atributo de la bondad absoluta; en cambio, cuando prevalece el rigor entre los seres humanos, El Eterno conduce el mundo mediante el atributo del rigor absoluto. Y cuando existe bondad entre los seres humanos, y también rigor, El Eterno conduce el mundo mediante el atributo intermedio de la misericordia.

A través de lo que hemos visto comprendemos los orígenes de los flagelos y las crisis que nos afectan, incluido todo lo que tiene que ver con el plano económico.

V

DESAFIANDO AL CAOS

El conocimiento del fundamento observado en el capítulo anterior es imprescindible para enfrentar los retos presentes, y también los que se avecinan. Pues, tal como ya hemos visto, para los últimos tiempos fueron pronosticados duros flagelos, similares a los dolores que sobrevienen antes de un parto, que se incrementan con mayor intensidad a medida que el nacimiento se aproxima. Y también observamos que en el libro Zohar constan fechas precisas, y se hace hincapié en el año de la apertura de las fuentes de la sabiduría en la sexta centuria del sexto milenio, o sea, en el año 5600 del calendario hebreo, que equivale a 1840 del calendario civil. Éste es un dato cronológico exacto.

Además, se dijo que esas seis centurias mencionadas del sexto milenio son el producto de la sucesión de diez períodos cíclicos de sesenta años. Y en cada período de sesenta años la Presencia Divina se fortalece, recibiendo el poder necesario para levantarse y fortificarse con el fin de generar la Redención Final.

Esto quiere decir que ese proceso seguirá reiterándose hasta el final. Y nosotros hemos visto lo ocurrido en la sexta centuria del sexto milenio, y no seguimos observando las fechas posteriores coincidentes con esos períodos cíclicos, aunque sí vimos el desarrollo histórico de los hechos ocurridos en el mundo. Por lo tanto, ahora seguiremos avanzando con esa observación y veremos lo pronosticado para después de la fecha examinada.

LO QUE ES YA FUE
Y LO QUE SERÁ YA ERA

¿Qué sucedió en la historia los próximos sesenta años después de abrirse las fuentes de la sabiduría? Los documentos y archivos revelan que en esos años que siguieron a 1840, hasta 1900, la sabiduría creció a pasos agigantados. Lo que no se consiguió en muchos siglos se logró en esos años.

Los inventos y descubrimientos de esa época fueron incontables, así como los progresos industriales. Se comenzó a extraer petróleo, a fabricarse locomotoras eléctricas, máquinas de escribir, baterías recargables, motores de combustión interna, teléfonos, lámparas incandescentes, coches de gasolina, trasformadores de corriente alterna, y muchos otros artefactos que mejoraron notablemente la calidad de vida. Considérese que sólo Thomas Alva Edison, que vivió en esa época, registró más de mil inventos.

Sin lugar a dudas, se trató de un período único en la historia, sin antecedentes. ¿Y después? Después de ese período de sesenta años, tuvo lugar un nuevo ciclo cósmico también de sesenta años de duración que abarcó desde 1900 hasta 1960.[1]

LA PARTICIPACIÓN DE LA MUJER

En esos 60 años el saber siguió aumentando, pero paralelamente sucedió algo imprevisto, la mujer, que durante siglos estuvo subyugada al hombre, comenzó a luchar arduamente por equiparar su condición, y a tener la misma participación en la sociedad. Esa lucha cobró tanto auge en el comienzo del siglo xx, que se declaró el Día Nacional de la Mujer.

Desde esa fecha la mujer comenzó a ganar importancia hasta igualar al hombre en muchos aspectos. Recordemos que en San Francisco se firmó en 1945 la Carta de las Naciones Unidas. Se trató del primer acuerdo internacional que proclamaba la igualdad de los sexos como un derecho humano fundamental. A partir de entonces, se trabajó intensamente para mejorar la condición de la mujer en todo el mundo. Los logros fueron contundentes, sin precedentes en la historia.

---

1. Es importante señalar que el principio de año hebreo no coincide exactamente con el principio de año del calendario civil, ya que para calcularlo se considera el tiempo de rotación de la Luna y también del Sol. Por tal razón, es común que el Año Nuevo hebreo caiga en los meses de septiembre u octubre y, a raíz de eso, en un mismo año civil finaliza un año hebreo y comienza el siguiente.

Además, en la fecha correspondiente con el final del ciclo cósmico mencionado se produjo la inserción de la mujer en cargos de máxima importancia. Sirimavo Bandaranaike fue la primera mujer en el mundo en asumir el cargo de primer ministro de un país. Ella fue primera ministra de Sri Lanka a partir de 1960.

Este hecho relacionado con la evolución de la mujer, ocurrido exactamente durante el tiempo correspondiente con ese ciclo cósmico que siguió al despertar de la sabiduría, no es casual, pues todo lo que sucede en lo bajo está enraizado en lo Alto. Y todo está aludido en las letras del Tetragrama, tanto las fechas correspondientes a los ciclos cósmicos de 60 años, como sus pormenores y detalles. Así como lo que se dijo acerca del despertar de la sabiduría en la sexta centuria del sexto milenio se dedujo considerando la progresión de los valores numéricos de las letras del Tetragrama *(véase* I Zohar 117a).

LAS LETRAS
DEL TETRAGRAMA

Estas cuatro letras encierran misterios intrínsecos vinculados con todo lo existente en el mundo, tanto los entes físicos tales como los elementos básicos o las tonalidades, como las capacidades cognitivas, los atributos sensoriales y los géneros. Ya que la primera letra del Tetragrama, que es *iud,* se vincula con el género masculino, la segunda letra, que es *he,* se vincula con el género femenino, la tercera letra, que es *vav,* se vincula con el género masculino, y la cuarta letra, que es *he,* se vincula con el género femenino.

Esas dos parejas de letras simbolizan cuatro entes cósmicos que aluden a una familia completa formada por un padre y una madre, un hijo y una hija.

Cada uno de esos entes se vincula con un atributo específico. El Padre, aludido en la letra *iud,* está asociado al atributo de la Sabiduría –*Jojmá*–. La Madre, aludida en la letra *he,* está asociada al atributo del Entendimiento –*Biná*–. El Hijo, aludido en la letra *vav,* está asociado al atributo denominado *Tiferet,* que representa el Espacio, y contiene la esencia de los seis flancos universales: adelante, atrás, derecha, izquierda, arriba y abajo. Y la Hija, aludida en la última letra *he* del Tetragrama, está asociada al misterio del Reinado –*Maljut*–. Para que sobrevenga la Redención Final, esos entes cósmicos deben rectificarse y unirse completamente *(véase* II Zohar 133b, y 219b).

ALUSIÓN PERFECTA

Siguiendo el orden de correspondencias de las letras del Tetragrama se observa que aluden también a lo ocurrido después de la apertura de las fuentes y los manantiales del saber en la sexta centuria del sexto milenio. Pues la primera letra del Tetragrama, *iud,* que está vinculada con el género masculino, se asocia a la Sabiduría; y tal como vimos, desde 1840 hasta 1900, la sabiduría aumentó a pasos agigantados en el mundo. Después de ese ciclo de sesenta años, en el próximo, comprendido entre los años 1900 y 1960, se comenzó a equiparar la condición de la mujer con la del hombre. Y eso está aludido en la letra siguiente del Tetragrama, que es *he,* vinculada con el género femenino.

Para comprender los detalles puntuales de esa relación veamos esta interesante observación: el proceso de la rectificación comenzó después del pecado de Adán; pues antes él vivía en el Paraíso y no había ninguna carencia, pero después de cometer la falta, todo cambió *(véase* Génesis 3:1-24). Siendo así, cabe suponer que en un comienzo los poderes del hombre y la mujer estaban equiparados. Y esta hipótesis se acentúa más aún al apreciar lo que está escrito después del pecado cometido por Adán y Eva, cuando comieron del árbol prohibido. Ya que la serpiente convenció a Eva para que lo hiciera, y ésta lo hizo con su marido. Y, como consecuencia de ello, El Eterno repartió castigos para los tres, y a la mujer le dijo: «Aumentaré en gran medida tu sufrimiento y tu preñez; con dolor parirás a tus hijos, desearás a tu marido y él te dominará» (Génesis 3:16).

Obsérvese que está escrito: «y él te dominará». ¿Acaso quiere decir que en el pasado no era así?

Ciertamente, y todo está vinculado con los misterios de lo Alto, como se enseña en el Zohar, donde se cita lo que está escrito: «desearás a tu marido». Y se enseña: ese deseo es como el deseo mencionado por David en el libro de los Salmos, como está escrito: «Como el ciervo desea las corrientes de aguas, así mi alma te desea a ti, oh Dios»[2] (Salmos 42:2).

---

2. La expresión «Dios» se refiere a la manifestación de El Santo, Bendito Sea, denominada la Hija cósmica aludida en la última letra *he* del Tetragrama. Y cuando está escrito «El Eterno», generalmente se refiere a la manifestación de El Santo, Bendito Sea, denominada el Hijo cósmico aludido en la letra *vav* del Tetragrama. Todos estos son indicadores conceptuales que posibilitan una mínima aprehensión cognitiva de los conceptos supremos aludidos, pero no debe suponerse jamás una división Divina, como está escrito manifiestamente: «Oye,

Y se refiere al aspecto cósmico femenino inferior denominado Maljut —la Hija aludida en la letra *he* del Tetragrama—, que desea recibir la abundancia de las aguas provenientes de las emanaciones del aspecto cósmico masculino inferior denominado Zeir Anpín —el Hijo aludido en la letra *vav* del Tetragrama—. Y lo que está escrito a continuación: «y él te dominará», la explicación de este misterio es que el aspecto masculino inferior —Zeir Anpín—, ejerce dominio sobre el aspecto cósmico femenino inferior —Maljut—. ¿Y por qué razón? Por lo que sucedió en las esferas supremas, donde el Sol se vincula con el aspecto cósmico masculino inferior, y la Luna se vincula con el aspecto cósmico femenino inferior.

La Luna se quejó de ser igual que el Sol, argumentando que no es posible que dos reyes utilicen una misma corona. Entonces El Santo, Bendito Sea, la hizo empequeñecer a ella. Tal como fue estudiado en el Talmud (Tratado de Julín 60b). Por eso, El Santo, Bendito Sea, empequeñeció su luz y disminuyó su gobierno. Y ella no posee un dominio propio, solamente cuando el aspecto cósmico masculino inferior se lo concede. A esto se refiere lo que está escrito: «y él te dominará» (II Zohar 219b).

Se aprecia que la mujer está asociada al misterio de la Luna y el aspecto cósmico femenino inferior —Maljut—. Y

Israel: El Eterno es nuestro Dios, El Eterno es Uno» (Deuteronomio 6:4). Debe considerarse que en los Escritos sagrados muchas veces se incluyen elementos abstractos con el fin de que el raciocinio humano pueda percibir las enseñanzas más elevadas, que superan el poder de captación mental ordinario. Como está escrito: «Recordad este día en que salisteis de Egipto, de la casa de la esclavitud, pues con mano fuerte El Eterno os sacó de aquí» (Éxodo 13:3). Pero eso no significa que El Eterno tenga mano, ya que es Él espiritual e ilimitado, sin delimitaciones de ningún tipo (*véase* Maimónides: Iesodei HaTora 1:9).

la Luna estaba en igualdad de condiciones con el Sol, pero después fue empequeñecida; y respecto al futuro está escrito: «La luz de la Luna será como la luz del Sol» (Isaías 30:26).

Evidentemente que todo estaba previsto desde el comienzo. Nada de lo que ocurre en el mundo es nuevo, como está escrito: «Lo que fue es lo que será, y lo que se hizo es lo que se hará, y no hay nada nuevo bajo el Sol» (Eclesiastés 1:9).

TERCER CICLO CÓSMICO

En 1960 comenzó el ciclo cósmico correspondiente al Tiferet —es el mismo ente cósmico denominado Zeir Anpin, el Hijo aludido en la letra *vav* del Tetragrama—. Es decir, se alude al ente cósmico que recibe la luz de lo Alto y la entrega al Maljut —la Hija aludida en la letra *he* del Tetragrama— para que la reparta a los entes inferiores. El Tiferet, a su vez, es la base del espacio pues se lo asocia a los Cielos, y contiene el fundamento intrínseco de las seis dimensiones que delimitan el espacio: adelante, atrás, derecha, izquierda, arriba y abajo. Al considerar la historia, vemos que la conquista del espacio se desencadenó con vehemencia en la época señalada.

Considérese que en 1960 se lanzó el primer satélite de comunicaciones, el Echo I. Éste era un satélite pasivo que funcionaba como un reflector. En 1962 se lanzó el primer satélite activo de comunicaciones, el Telstar I. Desde esa época, los satélites enviados al espacio se multiplicaron de forma extraordinaria, y las aplicaciones que se les asignaron fueron múltiples.

En la actualidad hay cientos de satélites artificiales dando vueltas por el espacio. A través de los mismos se logran comunicaciones de alto nivel, trasmisiones televisivas internacionales, son utilizados para elaborar pronósticos del tiempo, y también están los satélites espía, que se emplean para controlar lo que sucede en los diversos lugares del globo terráqueo.

Con estos avances tecnológicos tan grandes se logró ejercer un amplio dominio de la Tierra desde el Cielo. En la actualidad, se sabe que prácticamente todo el planeta está en observación desde el espacio. Y todo esto tuvo lugar en el ciclo cósmico mencionado, asociado al misterio del Espacio, que aún está en curso.

LA EVOLUCIÓN ESPACIAL

Este cambio revolucionario sin precedentes en la historia está aludido también en lo que se declara a continuación de la declaración: «La luz de la Luna será como la luz del Sol», que alude, entre muchos otros misterios, a la igualación de nivel del Hombre y la Mujer, que estarán a la misma altura y no uno arriba o debajo del otro *(véase* II Zohar 219b). Después está escrito en el versículo: «y la luz del Sol será siete veces mayor» (Isaías 30:26). Es decir, se revela aquí que después de que la luz de la Luna sea como la luz del Sol, la luz del Sol aumentará muchísimo.

Este versículo contiene enseñanzas esenciales vinculadas con el tiempo de los talones de la era mesiánica. Por eso es importante tener en cuenta este avance y aprovechar correctamente la luz proveniente de lo Alto.

Esto debe ser así incluso en medio de la vorágine, que no se detendrá, y por el contrario, irá en aumento. Pues tal como se enunció en el Talmud, la globalización, la falta de requerimiento de trabajo físico y la competitividad crearán recesión. Pero si se capta la irradiación de luminosidad de lo Alto, se podrán enfrentar todos esos desafíos y superarlos.

Las personas que no estén preparadas como es debido se disputarán los lugares dentro de la sociedad, y también los trabajos. Se desplazarán unos a otros, creándose un clima muy tenso, y la rivalidad será feroz. Por tanto, el estrés que predominará en esa época será muy alto, como la competitividad, tal como se describe en el Talmud: «En la generación previa a la llegada del Mesías, los jóvenes harán palidecer de vergüenza a los ancianos. El descaro aumentará considerablemente [...] El rostro de la generación será como el rostro de un perro, pues no se avergonzarán en absoluto uno del otro por ninguna razón».

Este cuadro señalado muestra una vida llena de estrés y competitividad. Esto estaba previsto para esta época desde el comienzo. Y, si añadimos el dato que conocemos a través de los ciclos cósmicos de sesenta años, comprenderemos con claridad el caos que se avecina.

CIENCIA Y CAOS

Así pues, habrá mucha luz, pero reinará el caos si no se la aprovecha como corresponde, pues la regla medida por medida sigue vigente, ¿y cómo es posible explicar que los avances tecnológicos sean tan grandes y aún exista tanta pobreza? Con esos adelantos la tierra puede producir mucho más, ya que las máquinas hacen un trabajo rápido y preciso. Los alimentos pueden ser conservados durante mucho tiempo, gracias a los modernos procesos de envasado. ¿Y cómo es posible que existan tantos hambrientos en el mundo? ¿Y cómo es posible que millones de personas no tengan acceso al agua potable y mueran a millares cada día por esa causa?

Observad lo que publicó BBC Mundo:

> Más del 40 % de los habitantes del planeta carecen de los servicios sanitarios básicos y más de mil millones de personas no tienen acceso a agua potable, según informan las Naciones Unidas.
>
> Alrededor de cuatro mil niños mueren cada día a raíz de enfermedades provocadas por la falta de agua potable. La diarrea, por ejemplo, mata a casi 1,8 millones de personas por año. La mayoría son menores de cinco años, y miles de personas quedan debilitadas de por vida a causa de este mal.
>
> Las crecientes disparidades entre quienes tienen acceso a los servicios básicos y quienes carecen de ellos provocan la muerte diaria de 4.000 niños y son una de las causas subyacentes de muchas más de las diez millones de muertes de menores que se registran al año en todo el mundo», afirmó Carol Bellamy, directora general de UNICEF.
>
> BBC Mundo, jueves, 26 de agosto de 2004.

¿Cómo es posible que esto suceda en la actualidad con los medios de que disponemos? La razón es que no aprovechamos la luz apropiadamente, ni sabemos distribuir su producto. Nos ha sido dado un elemento tan grandioso y aún no estamos preparados para vivir de acuerdo con el beneficio del mismo. Por eso hace falta rectificación, deshacerse de la crueldad y el rigor y liberar la bondad y la generosidad, para saber cómo vivir sin ningún tipo de carencia, aprovechando la abundancia que El Eterno nos da y compartiéndola con los demás para que todos seamos felices y vivamos contentos.

Esta es la razón por la cual aún habrá desbarajustes, para que nos rectifiquemos y pasemos a una etapa diferente que se podrá disfrutar cuando se produzca la Redención Final. Hasta ese momento tenemos que trabajar en perfeccionarnos y refinarnos cada vez más. Y, a través de nuestro esfuerzo, podemos conseguir que la Redención Final llegue antes, como lo manifiesta la profecía que dice: «El Sol no te será nunca más por luz para el día, ni el resplandor de la Luna te alumbrará; sino que El Eterno te será por luz perpetua, y tu Dios te será por esplendor. No se pondrá más tu Sol, ni menguará tu Luna; porque El Eterno te será por luz perpetua, y los días de tu luto acabarán. Y los de tu pueblo, todos ellos serán justos, para siempre heredarán la Tierra; renuevos de mi plantío, obra de mis manos, para enaltecerme. El pequeño vendrá a ser mil, el joven, un pueblo poderoso. Yo El Eterno, a su tiempo haré que esto sea cumplido pronto» (Isaías 60:1-22).

Apreciamos en el final de esta extraordinaria profecía la expresión: «a su tiempo». La misma que se refiere manifiestamente a la era mesiánica. De aquí surge una pregunta clave: ¿y qué significa «a su tiempo»?

Para comprenderlo apropiadamente debemos considerar que esa expresión en el original hebreo está escrita mediante la locución *beitá*, que también puede leerse de esta forma: *be et he*.

Estas tres palabras significan: «En el momento en que –la letra– *he*».

Es decir, cuando la letra *he,* en alusión al aspecto cósmico femenino inferior, que es la Presencia Divina, se levante del polvo del exilio, y se una al aspecto cósmico masculino inferior, aludido en la letra *vav* del Tetragrama, entonces: «Haré que esto sea cumplido pronto».

Quiere decir que la letra *he* se unirá a la letra *vav* pronto y se producirá la Redención Final por anticipado *(véase El misterio del holocausto revelado* pág. 19).

UNA SEÑAL
INCONFUNDIBLE

Rabí Nejemia dijo: «En la generación previa a la llegada del Mesías, la desfachatez aumentará; se deteriorará completamente el tratamiento honorable por el prójimo. La vid producirá uvas, y habrá vino, pero se venderá a un precio muy elevado» (Talmud, Tratado de Sanhedrín 97a).

Esta señal será inconfundible, habrá abundancia de uvas, pero el precio del vino será alto. Algo que no es común, pues si hay abundancia en la producción, lo lógico es que el precio baje. Será una señal clara que nos indicará la inminente llegada del Mesías.

Y ya falta muy poco para que los últimos plazos se cumplan. Considérese que el calendario hebreo fue diseñado hasta el año 6000, pues se sabe que ése es el tiempo máximo estipulado para que el mundo exista en este estado. Y eso está grabado en el comienzo del Pentateuco y las letras del alfabeto hebreo, con las cuales se escribió la Torá.

Éstas son las fuentes de lo mencionado: Rav Ketina dijo: «Seis mil años existirá el mundo» (Talmud, Tratado de Rosh Hashaná 31a).

A este hecho se alude en numerosas citas bíblicas y enseñanzas de la Torá oral. En el primer versículo del Pentateuco hay seis letras *alef.* Y, dado que *alef* se puede leer también *elef,* que significa 'mil', resulta que alude a los seis mil años que existirá este mundo (Daat Zekenim Mibaalei Hatosafot en Génesis 1:1).

Por otra parte, el Pentateuco, que es el plano del universo, fue escrito mediante las letras del alfabeto hebreo. Sumando los valores numéricos de la totalidad de las mismas, e incluyendo la cantidad de libros que forman el Pentateuco, se obtiene la cifra de seis mil. Veamos:

Éstas son las letras que representan unidades:

alef = 1		*vav* = 6
bet = 2		*zain* = 7
guimel = 3		*jet* = 8
dalet = 4		*tet* = 9
he = 5		

Éstas son las letras que representan decenas:

iud = 10		*samej* = 60
caf = 20		*ain* = 70
lamed = 30		*pe* = 80
mem = 40		*tzadi* = 90
nun = 50		

Éstas son las letras que representan centenas:

kuf = 100	*mem sofit* = 600
reish = 200	*nun sofit* = 700
shin = 300	*pe sofit* = 800
tav = 400	*tzadi sofit* = 900
caf sofit = 500	

Existe además una variante de la letra *alef,* denominada *alef rabatí,* cuyo valor es 1.000.

Si sumamos todos estos valores resulta un producto de 5.995. Añadiéndole los cinco libros del Pentateuco se obtiene el valor 6.000 (Raziel Hamalaj).

Asimismo, también se sabe que el Mesías llegará en la víspera del Día de Reposo —*Shabat*—, no en el límite. Por eso, de acuerdo con todas las profecías, su llegada no debería demorarse mucho tiempo más. Y debemos saber cómo prepararnos para afrontar los últimos tiempos, los años previos a este trascendental suceso, pues con los méritos necesarios reunidos, podremos ser eternamente felices y disfrutar de ese magistral beneficio que está preparado para el mundo futuro.

VI

LOS AÑOS QUE QUEDAN

Respecto a los años próximos, según se desprende de lo revelado por los sabios talmudistas y cabalistas, serán duros y resultará muy difícil vivir en esa época, pero a su vez las señales de lo Alto serán formidables. De acuerdo con las señales talmúdicas, el desenfreno y el descaro aumentarán considerablemente, y la globalización asfixiante de los mercados será cada vez más cerrada.

Este fenómeno, la globalización mundial, será una de las razones más importantes del estrés generalizado así como la falta de sensibilidad de las personas. Además, la inseguridad y los endeudamientos crecerán sin tregua.

Y, tal como fue pronosticado en el Talmud, en la actualidad se observa que todos están involucrados en las deudas de los demás en forma directa o indirecta. Y ya no hay lugar donde encontrar buenos precios para hacer una gran diferencia y obtener ganancias sustanciales, como dijo Shmuel: «Todos los precios estarán igualados» (Talmud, Tratado de Sanhedrín 98a).

La globalización ha causado que una descompensación en el lugar más remoto afecte a la economía y el ánimo de todo el mundo. Y según lo pronosticado, en el futuro esa reacción se acentuará.

Todo indica que en los próximos años este cuadro se verá agravado, tanto en el aspecto social como en el económico, no habrá tranquilidad, como fue enseñado: «Dijo Rabí Iojanán: Si ves una generación en la que las aflicciones vienen como un río, aguárdalo —al Mesías—, como está dicho: Porque el azotador vendrá como un río, mas el Espíritu de El Eterno lo golpeará» (Isaías 59:19). Y a continuación está escrito: «Y vendrá el Redentor a Sión». Es decir, cuando las aflicciones sean como un río, vendrá el Redentor (Talmud, Tratado de Sanhedrín 98a).

Y, además, tal como dijimos, también está escrito en el Talmud que en la generación previa a la llegada del Mesías el descaro aumentará considerablemente.

UN CAMBIO BRUSCO

Muchos se preguntan: ¿qué causa esta reacción atípica de las personas? Jamás se ha vivido una situación semejante en toda la historia. ¿Cuál es la raíz de este caos generalizado en el que no se respeta al prójimo y, por el contrario, se lo pisotea y humilla? ¿Por qué se han perdido los cánones, la compostura, y hasta la cordura?

La respuesta es ésta: vivimos en la época denominada: «la era de los talones mesiánicos» (Talmud, Tratado de Sotá 49b).

¿A qué talones se refiere? Es sabido que una persona tiene 248 estructuras óseas y 365 conductos sanguíneos que llevan la sangre del corazón a todos los miembros del cuerpo. Y las 248 estructuras óseas están vinculadas con los 248 preceptos activos proscriptos en el Pentateuco, mientras que los 365 conductos sanguíneos están vinculados con los 365 preceptos pasivos proscriptos en el Pentateuco.

¿Cuál es el origen de este complejo sistema?

Adán, el primer hombre, fue creado con 248 estructuras óseas, y su alma tenía 248 estructuras óseas espirituales, ya que el alma es la esencia del cuerpo. Y cada estructura ósea espiritual de su alma tenía, a su vez, 248 estructuras óseas espirituales. O sea, en el alma de Adán había 248 veces 248 almas. Y lo mismo ocurría con los 365 conductos sanguíneos que llevan la sangre del corazón a todos los miembros del cuerpo.

Por eso, de cada miembro de su estructura depende todo el cuerpo de Adán, desde la cabeza hasta el talón. Y cada alma de todas las que descendieron y descienden al mundo depende de un miembro específico de Adán. Y por eso cada destello de alma de cualquiera de sus miembros, que se inviste en un cuerpo en el mundo, debe cumplir los 248 preceptos activos y los 365 preceptos pasivos (*véase* Shaar Haguilgulim Hakdama 30).

Pues cuando Adán trasgredió y comió del árbol que El Eterno le había prohibido, las almas se dividieron y esparcieron; y deben ser rectificadas para completar el Cuerpo cósmico de Adán. Por tal razón descienden al mundo y se invisten en los cuerpos de los seres humanos. Y casi todo el Cuerpo ya fue rectificado, sólo faltan los talones.

Aunque también se sabe, que esa rectificación comenzó el siglo pasado (*véase* Daat Utebuná), por lo que restan rectificarse solamente las almas provenientes de los lugares más ásperos de los talones. Y eso hace que muchas de las personas de esta generación sean ásperas y también en muchos casos insensibles. Por eso se atraviesa esta situación, y el mundo está en el estado en el que se encuentra. Pero todo es parte de la rectificación final, y hay que sobreponerse a las dificultades y captar la luz de lo Alto que nos llevará a nuestro origen, cumpliendo la misión para la cual fuimos creados. Por eso no deben sorprender las señales que se han pronosticado en el Talmud para esta época.

Pero eso no es todo, observad esta increíble señal que fue pronosticada: «Dijo Rav: Está escrito acerca de los sabios estudiosos de la Torá que siempre tendrán paz, como está dicho: Mucha paz tienen los que aman tu Torá, y no hay para ellos tropiezo» (Salmos 119:162). Pero en esta época tampoco para ellos habrá paz (Talmud, Tratado de Sanhedrín 98a).

También se mencionó en el Talmud esta otra revelación: «Dijo Rabí Zeira en el nombre de Rabí Iermía: en la generación en la que el hijo de David vendrá, habrá acusaciones entre los sabios» (Talmud, Tratado de Ketuvot 112b). Pues antes de la venida del Mesías no habrá paz entre ellos, debido al mal instinto que insta a discutir y reñir, que será el peor acusador de los sabios de esa generación (*véase* Maarshá; Madurat Shtenshtein).

Cuando Rabí Zeira dijo eso delante del erudito Shmuel, éste dijo: «En esa época sobrevendrá flagelo tras flagelo, como está dicho: Y si quedara aún la décima parte, ésta volverá a ser destruida, pero como el roble y la encina, que al deshojarse —en el otoño— aún queda el tronco; lo que quede en el tronco será la simiente sagrada» (Isaías 6:11).

Rabí Iosef enseñó: «Habrá despojados, y despojados de despojados» (Talmud, Tratado de Ketuvot 112b).

Esto significa que personas de las naciones despojarán a los Hijos de Israel y los volverán a despojar, pues los acusarán falsamente de haber violado las leyes de esa nación donde moran, y los obligarán a pagar sobornos para librarse de las acusaciones. Y después que los israelitas paguen lo requerido, volverán a acusarlos, argumentando haber oído que han dado soborno, y eso es prohibido por las leyes de esa nación. Por eso nuevamente tendrán que pagar sobornos para salvarse de esta nueva acusación (Ben Iehoiadá).

LA ESPERANZA, UNA HERRAMIENTA VITAL

Después de revelarse estas duras señales para los días postreros, en el Talmud se culmina con un mensaje de esperanza: «Dijo Rabí Jía hijo de Ashi en el nombre de Rav: en el futuro, todos los árboles infértiles de la Tierra de Israel producirán frutos, como está dicho: Porque los árboles —infértiles— llevarán su fruto, la higuera y la vid darán sus productos» (Joel 2:12) (Talmud, Tratado de Ketuvot 112b).

¿Cuál será la señal de la llegada de esta magnífica era? Dijo Rabí Aba: «No hay señal del final —de las aflicciones de este mundo— más revelada que ésta: Mas vosotros, montes de Israel, daréis vuestras ramas, y llevaréis vuestro fruto para mi pueblo Israel; porque cerca están para venir» (Ezequiel 36:8) (Talmud, Tratado de Sanhedrín 98a).

Es decir, cuando la Tierra de Israel produzca frutos como es debido, no hay señal más clara de que la Redención Final de los Hijos de Israel está por próxima a venir (Rashi).

El famoso exegeta Maarshá explicó esta cita talmúdica revelando que todo el tiempo que los Hijos de Israel no moran en su Tierra, Israel, la tierra de allí no produce frutos como es debido. Y, cuando vuelva a producir frutos como es debido, es una clara señal de que los Hijos de Israel volverán a su Tierra.

Considérese que el exegeta Maarshá vivió muchos años antes de que los Hijos de Israel comenzaran a regresar a su tierra. Él es un testigo fiel de lo que ocurrió en esos años, donde la tierra de Israel no producía frutos como es debido, sólo cardos y espinos. Y, en la actualidad, muchos millares de los Hijos de Israel han vuelto y la Tierra de Israel produce hermosos y magníficos frutos. Es una señal evidente de que muy pronto llegará la Redención Final.

EL RELOJ CÓSMICO

Asimismo debemos considerar que, además de las señales pronosticadas, se sabe en qué momento de esa era nos encontramos. Pues hay un reloj cósmico enraizado en las letras del Tetragrama, que mide el tiempo del mundo. Ya que tal como vimos que se midió la época de la revolución industrial, también se pueden medir todos los demás tiempos. Y no sólo los ciclos de sesenta años, tal como vimos anteriormente, sino cada momento *(véase* I Zohar 117a; y *véase El misterio del holocausto revelado* cap. 2).

Ese reloj cósmico mide los 6.000 años de existencia del mundo. En ese tiempo se producirá la rectificación que dará paso al séptimo milenio denominado Día de Reposo —*Shabat*—. Pero es sabido que no se entra al *Shabat* en el último instante, sino que se lo recibe con antelación.

Asimismo, debemos considerar que mil años nuestros equivalen a un año de El Eterno, como está escrito: «Porque mil años son ante Tus ojos como el día de ayer que ya pasó» (Salmos 90:4). Quiere decir, que los 6.000 años mencionados equivalen a seis días de El Eterno, o sea, seis días cósmicos. Y ya vimos que el quinto milenio culminó, tal como se indica en las letras del Tetragrama, estando ahora en curso el año 5773. Es decir, ya han pasado 773 años del sexto milenio, esto es, del sexto día cósmico. Por lo tanto, para saber la hora actual del sexto día cósmico debemos calcular a qué hora de un día cósmico corresponden los 773 años que ya han pasado. Y éste es el planteamiento: si un día cósmico equivalente a 1.000 años está integrado de 24 horas cósmicas, ¿a qué hora de ese día corresponden 773 años?

Para resolver esa incógnita se dividen las 24 horas de un día por los 1.000 años, y el valor obtenido se multiplica por 773. El resultado final de esa ecuación es este: 18,55.

Significa que la hora actual según el reloj cósmico marca 18:55,[3] o sea, se indica que el Sol ya comenzó a inclinarse hacia la línea del atardecer. Se verifica, por tanto, que falta muy poco para la entrada del *Shabat*.

---

3. 18 horas, y 55 partes de hora.

Considerando lo dicho, se puede comprender mejor la razón de todas las señales que se aprecian en la actualidad, que coinciden perfectamente con los últimos tiempos. Y tal como vimos, se pronosticó que en los últimos tiempos la Tierra de Israel volverá a producir frutos como es debido, y la misma volverá a ser poblada por los Hijos de Israel. Y eso concuerda exactamente con lo que ocurre en la actualidad.

Pero eso no es todo, pues hemos apreciado que en el mundo se produjo en los últimos tiempos un gran cambio climático, y ese hecho tiene en alerta desesperada a todas las naciones. ¿Qué anuncia esta señal?

Veamos lo que se enseña en el Midrash: en el futuro el desierto se convertirá en zona habitada, y la zona habitada en desierto. El desierto se convertirá en zona habitada, como está dicho: «En las alturas abriré ríos, y fuentes en medio de los valles; abriré en el desierto estanques de aguas, y manantiales de aguas en la tierra seca» (Isaías 41:18).

¿Y de dónde se sabe que la zona habitada se convertirá en desierto? Como está dicho: «Y a Esaú aborrecí, y convertí sus montes en desolación, y abandoné su heredad para los chacales del desierto» (Malaquías 1:3).

Resulta que ahora no hay árboles en el desierto, pero en el futuro habrá árboles allí, como está dicho: «Daré en el desierto cedros, acacias, arrayanes y olivos; pondré en la soledad cipreses, pinos y bojes juntamente» (Isaías 41:19).

Asimismo, ahora no hay allí caminos, porque todo es arena, y las caravanas no pasan sino en la noche, a la luz de las estrellas –*mazal*–, pero en el futuro habrá allí caminos, como está dicho: «Y habrá allí calzada y camino, y será llamado

Camino de Santidad» (Isaías 35:8) (Midrash Tanjuma: *Masei* III).

LA PROFECÍA DEL FUTURO

Todo esto que hemos dicho fue profetizado por el profeta Zacarías, como está escrito: «He aquí, el día de El Eterno viene, y en medio de ti serán repartidos tus despojos. Y reuniré a todas las naciones para combatir contra Jerusalén, y la ciudad será tomada, y serán saqueadas las casas, y sometidas las mujeres; y la mitad de la ciudad irá en cautiverio, mas el resto del pueblo no será cortado de la ciudad. Y El Eterno saldrá y combatirá con aquellas naciones, como combatió en el día de la batalla. Y se afirmarán sus pies en aquel día sobre el monte de los Olivos, que está ante Jerusalén al oriente; y el monte de los Olivos se partirá por en medio, hacia el oriente y hacia el occidente, haciendo un valle muy grande; y la mitad del monte se apartará hacia el norte, y la otra mitad hacia el sur. Y huiréis al valle de los montes, porque el valle de los montes llegará hasta Atzal; y huiréis de la misma manera que habéis huido a causa del terremoto en los días de Uzías rey de Judá; y vendrá El Eterno mi Dios, y con Él todos los sagrados –ángeles–. Y acontecerá que en ese día no habrá luz clara, ni oscura. Será un día, el cual es conocido de El Eterno, que no será ni día ni noche; y al caer la tarde habrá luz. Acontecerá también en aquel día que saldrán de Jerusalén aguas surgentes, la mitad de ellas hacia el mar oriental, y la otra mitad hacia el mar occidental; esto será en verano y en invierno. Y El Eterno será rey sobre toda la tierra; en aquel día El Eterno será uno, y su nombre uno».

A continuación está escrito: «Toda la tierra se volverá como llanura desde Gueva hasta Rimón al sur de Jerusalén; y ésta será elevada, y habitada en su lugar desde el portal de Benjamín hasta el lugar del primer portal, hasta el portal de la esquina, y desde la torre de Jananeel hasta los lagares del rey. Y morarán en ella, y no habrá nunca más destrucción, sino que Jerusalén será habitada confiadamente. Y ésta será la plaga con la que herirá El Eterno a todos los pueblos que vinieron militarmente contra Jerusalén: la carne de ellos se corromperá estando ellos sobre sus pies, y los ojos de ellos se consumirán en sus concavidades, y la lengua se les consumirá en su boca. Y acontecerá en aquel día que habrá entre ellos gran pavor de El Eterno; y se sujetará cada uno de la mano de su compañero, y levantará su mano contra la mano de su compañero. Y Judá también combatirá en Jerusalén; y serán reunidas las riquezas de todas las naciones de alrededor: oro y plata, y ropas de vestir, en gran abundancia. Así también será la plaga de los caballos, de las mulas, de los camellos, de los asnos, y de todos los animales que estuvieren en aquellos campamentos; como esta plaga. Y todos los que sobrevivieren de todas las naciones que vinieron contra Jerusalén subirán de año en año para prosternarse ante el Rey, El Eterno de los ejércitos, y a celebrar la Fiesta de las Cabañas».

Luego está escrito: «Y acontecerá que los de las familias de la tierra que no subieren a Jerusalén para prosternarse al Rey, El Eterno de los ejércitos, no vendrá sobre ellos lluvia. Y si la familia de Egipto no subiere y no viniere, no habrá —lluvia— sobre ellos; vendrá la plaga con que El Eterno herirá las naciones que no subieren a celebrar la Fiesta de las Cabañas. Ésta será la expiación del pecado de Egipto, y la expiación del pecado de todas las naciones que no subieren para celebrar la Fiesta de las Cabañas. En aquel día estará grabado sobre las campanillas de los caballos: Consagrado a El Eterno; y las ollas de la casa de El Eterno serán como los tazones del Altar. Y toda olla en Jerusalén y Judá será consagrada a El Eterno de los ejércitos; y todos los que sacrificaren vendrán y tomarán de ellas, y cocerán en ellas; y no habrá en aquel día más mercader en la casa de El Eterno de los ejércitos» (Zacarías 14:1-21).

Después de leer esta profecía estremecedora, ya no quedan dudas de que todo estaba pronosticado desde el comienzo, y que el cambio climático era sólo el aviso de algo mucho más grande que sobrevendría. Y también se aprecia una guerra terrible que parecería describir el efecto de armas biológicas. En síntesis, un resumen actual del mundo escrito hace más de 2.000 años.

LOS ÚLTIMOS AÑOS

Tal como se dijo, en esa época la vida será muy dura; sin embargo, no hay que perder la esperanza, pues después de la oscuridad viene la luz, e incluso en medio de las tinieblas, si se enciende una vela se puede disipar mucha oscuridad. Dichoso el que tiene una vela y la enciende en el medio de la oscuridad previa a la venida del Mesías.

En el próximo capítulo veremos cómo encender esa vela y salvarse de las angustias y los flagelos, pues en el mundo todo está en equilibrio, y si El Santo, Bendito Sea, nos envía una enfermedad, también nos manda el remedio, tal como se enseñó en el Talmud: «Dijo Reish Lakish: El Santo, Bendito Sea, no hiere a Israel, sino cuando a priori le crea la medicina, como está escrito: Cuando sanaba a Israel» (Oseas 7:1), y a continuación está escrito: «Se descubrió la iniquidad de Efraim» (Talmud, Tratado de Meguilá 13b). Y también para la era de los talones mesiánicos hay una medicina preparada por El Santo, Bendito Sea, para salvarse de todas las angustias y los flagelos.

VII

EL FRENTE DE DEFENSA

Los profetas que profetizaron lo que tendría lugar en los últimos tiempos captaron la esencia intrínseca proveniente de lo Alto y la transmitieron a los hombres. En ciertas ocasiones lo hicieron abiertamente, y en otras, en forma de alegorías y parábolas. Y los sabios talmudistas destrabaron esos mensajes codificados y los convirtieron en material accesible, capaz de ser aprehendido por la capacidad cognitiva y perceptiva de un ser humano común.

Este mismo proceso fue utilizado para transmitir el remedio de los flagelos que fueron anunciados en las profecías que se referían a la era de los talones mesiánicos. Pues a continuación de abrirse las profecías de la era de los talones mesiánicos, se menciona en el Talmud este maravilloso suceso: «Los discípulos de Rabí Elazar le preguntaron a su maestro: ¿Qué debe hacer la persona para salvarse de los dolores del parto previos a la venida del Mesías? Y el maestro les respondió: ¡Debe ocuparse de estudiar la Torá y hacer el bien!» (Talmud, Tratado de Sanhedrín 98b).

Esta enseñanza coincide perfectamente con la profecía que habíamos citado anteriormente, pronunciada por el profeta Miqueas, quien declaró lo que debe hacerse para obtener la misericordia de El Eterno. Pues dijo: «Hombre, te diré lo que es bueno, y qué solicita El Eterno de ti: únicamente hacer justicia, y amar la bondad, y conducirte recatadamente ante tu Dios» (Miqueas 6:8).

Esto es precisamente lo que se requiere para salvarse de la crisis y también de los demás flagelos. No es suficiente con ser perito en economía y realizar buenas inversiones, hace falta algo más: tener la bendición de lo Alto, pues como vimos, es posible atesorar mucho dinero e innumerables propiedades, pero nadie garantiza que esos valores y bienes podrán conservarse. Una catástrofe natural inesperada, o un movimiento imprevisto de la economía mundial, podría provocar la pérdida del valor de nuestros bienes en un santiamén.

Resulta que la única seguridad de prosperidad puede conseguirse siguiendo la pauta revelada por Rabí Elazar: actos de bondad y estudio de la Torá. Ello nos permitirá compenetrarnos cada vez con mayor intensidad con la esencia del Tetragrama Divino, el proceso de rectificación del mismo, y el fundamento elemental de toda la creación: el éxito de las relaciones humanas, o sea, la manifestación del amor por el prójimo como el que uno siente por uno mismo. Tal como lo enseñó el sabio Hilel: «¡No hagas a tu prójimo lo que no quieres que te hagan a ti; en eso consiste toda la Torá, lo demás son explicaciones!» (Talmud, Tratado de Shabat 31a).

LA RECTIFICACIÓN ABSOLUTA

Para comprender la esencia de la rectificación y la aplicación de este concepto, analizaremos el trabajo de personas que han atravesado momentos de crisis en el pasado y los han superado.

En el Génesis está escrito: «El Eterno le dijo a Abram:[4] Vete de tu tierra, de tus familiares y de la casa de tu padre, a la tierra que he de mostrarte. Y Yo te convertiré en una gran nación; te bendeciré y engrandeceré tu nombre, y tú serás una bendición. Bendeciré a aquellos que te bendigan, y al que te maldiga, lo maldeciré; y todas las familias de la tierra se bendecirán en ti» (Génesis 12:1-3).

Apreciamos que El Eterno le reveló a Abraham que poseerá una gran abundancia, y que él mismo será una bendición.

Ahora seguimos leyendo lo que está escrito a continuación: «Y Abram se fue, como El Eterno le había mandado, y Lot fue con él; Abram tenía setenta y cinco años cuando se fue de Jarán. Abram tomó a su mujer Sarai, y a Lot, el hijo de su hermano, y todas las riquezas que habían acumulado, y las personas que habían reunido en Jarán; y se fueron en dirección a la tierra de Canaán y llegaron a la tierra de Canaán» (Génesis 12:4-5).

---

4. En un comienzo su nombre era Abram, y después fue llamado Abraham, como está escrito: «Tu nombre ya no será Abram, sino Abraham, pues Yo te he convertido en padre de una multitud de naciones» (Génesis 17:5).

Observamos que poseía una gran riqueza, tal como El Eterno le había manifestado que le otorgaría.

Después se declara: «Abram atravesó la tierra hasta llegar a Shejem, hasta la planicie de Moré. En ese entonces, el cananeo habitaba la tierra. El Eterno se le apareció a Abram y le dijo: A tu descendencia daré esta tierra. Y él construyó un altar para El Eterno, que se le había aparecido. De allí se dirigió a la montaña al este de Bet El y allí montó su tienda, con Bet El hacia el oeste y Ai hacia el este; y allí construyó un altar para El Eterno e invocó a El Eterno por su Nombre. Después Abram prosiguió su marcha, dirigiéndose hacia el sur» (Génesis 12:6-9).

Se observa que El Eterno se le revelaba constantemente para transmitirle información e impartirle ordenanzas. Y Abraham, siendo de 75 años de edad, emprendió la marcha que El Eterno le había requerido iniciar. Abraham confiaba plenamente en El Eterno, y estaba contento y feliz; cumplía la voluntad Divina con amor y entrega total.

UN SUCESO INÉDITO

Inmediatamente después de este suceso narrado, se describe un hecho inédito: «Había hambre en la tierra y Abram descendió a Egipto para habitar allí, pues el hambre era grave en la tierra» (Génesis 12:10).

Apreciamos que había crisis en la tierra, falta de alimento y recesión. ¿Y por qué razón se produjo esta angustiante situación? Porque Dios le quería poner una prueba a Abraham. Pues si no fuese así, resultaría difícil de entender que, después de revelársele abiertamente, y asegurarle que poseería una gran riqueza, le sucediera una adversidad de este tipo, hambre en la tierra, y muy grave.

¿Cuál era la finalidad de esta prueba? El Eterno deseaba que Abraham hiciera bondad con los seres humanos. Pues él era el hombre más bondadoso de toda la Tierra, como está escrito: «Otorgas la verdad a Jacob, y a Abraham la bondad» (Miqueas 7:20). Siendo así, queda claro que la intención de El Eterno era provocar que Abraham sacara a relucir su gran virtud de la bondad y la pusiera en práctica.

Por esta razón, lo obligó a entrar en esta dificultosa situación. Y cuando llegaban a Egipto, fue necesario que Abraham y Sara hicieran bondad entre ellos mismos para salvarse, pues Abraham tenía miedo de que lo mataran; por eso: «Sucedió que cuando estaba por entrar en Egipto, le dijo a su mujer Sarai: he sabido que eres una mujer de hermosa apariencia. Y ocurrirá que cuando los egipcios te vean dirán: ¡Ésa es su mujer! Entonces me matarán, pero a ti te dejarán con vida. Por favor, di que eres mi hermana, para que me vaya bien por ti, y para que pueda vivir gracias a ti» (Génesis 12:11-13).

En ese lugar esta pareja comenzó a expresar su gran virtud de la bondad, dando de lo de uno al otro para salvarse. Y lo lograron con creces. Pues: «Sucedió que al llegar Abram a Egipto que los egipcios vieron que la mujer era muy hermosa. Cuando la vieron los oficiales del Faraón, la elogiaron ante el Faraón y fue conducida a la casa del Faraón. Y el Faraón trató bien a Abram gracias a ella y él obtuvo ovejas, ganado vacuno, burros, esclavos y esclavas, burras y camellos. Mas El Eterno afligió al Faraón y a su familia con grandes plagas a causa de Sarai, la mujer de Abram. El Faraón convocó a Abram y le dijo: ¿Qué es lo que me has hecho? ¿Por qué no me dijiste que era tu mujer? ¿Por qué dijiste "es mi hermana", para que yo la tomara como mujer? Ahora: aquí está tu mujer; ¡tómala y vete! El Faraón dio órdenes de que lo escoltaran a él y a su mujer, y a todo lo suyo» (Génesis 12:14-20).

Se aprecia claramente que hubo hambre en la tierra donde moraba Abraham, a la cual El Eterno mismo le había ordenado ir, para que manifestasen la virtud de la bondad entre ellos. Y, cuando lo hicieron, salieron sanos y salvos de allí, con una inmensa riqueza. Volvieron a su tierra y la habitaron plácidamente. Abraham y Sara hacían bondad con las personas que llegaban al lugar. Las invitaban a comer y beber en su tienda, les ofrecían albergue y les proporcionaban todo lo necesario para seguir la marcha.

Esto fue así hasta que se produjo la destrucción de Sodoma y Gomorra, cuando ya no hubo más caminantes que pasaran por allí, y por eso Abraham y Sara no podían atenderlos y brindarles asistencia. Por eso, como no podían más hacer el bien allí, Abraham decidió abandonar el lugar (Midrash Bereshit Raba 52:1).

UN VIAJE ASOMBROSO

En el Pentateuco se narra lo que ocurrió después, como está escrito: «Abraham viajó desde allí a la región del sur y se asentó entre Kadesh y Shur, y habitó en Guerar» (Génesis 20:1).

En este sitio ocurrió un suceso similar al que había tenido lugar en Egipto, como está escrito: «Abraham dijo de Sara su mujer: Ella es mi hermana; y Abimelej, rey de Guerar, envió y tomó a Sara. Y Dios apareció ante Abimelej en un sueño nocturno, y le dijo: He aquí que estás a punto de morir, a causa de la mujer que has tomado; ella es una mujer casada» (Génesis 20:2-3).

Después se menciona la defensa de Abimelej y las consecuencias de los hechos: «Abimelej no se había acercado a ella, por lo que dijo: Señor mío, ¿acaso asesinarás a una nación a pesar de ser justa? ¿Acaso él mismo no me dijo: Ella es mi hermana? Y ella también dijo: Él es mi hermano. Con la integridad de mi corazón y la pureza de mis manos hice esto. Y Dios le dijo en el sueño: Yo también sabía que fue con la integridad de tu corazón que hiciste esto, y Yo también evité que pecaras en Mi contra; por eso no te permití que la tocaras. Pero ahora devuelve a la mujer del hombre, pues él es un profeta y él rezará por ti, y vivirás, pero si no la devuelves, sabe que ciertamente morirás: tú y todo lo tuyo».

A continuación se narra: «Abimelej se levantó temprano, a la mañana siguiente, convocó a todos sus sirvientes y les dijo todos esos asuntos en sus oídos, y los hombres tuvieron mucho miedo. Abimelej llamó a Abraham y le dijo: ¿Qué es esto que nos has hecho? ¿En qué pequé contra ti que trajiste a mí y a mi reino tan grande pecado? Tú hiciste conmigo cosas que no deben hacerse. Y Abimelej le dijo a Abraham: ¿Qué fue lo que viste para que hicieras semejante cosa? Y Abraham dijo: Porque dije: no hay temor de Dios en este sitio y me matarán a causa de mi mujer. Además, ella sí es hermana mía, es hija de mi padre, mas no hija de mi madre; y ella se casó conmigo. Y así fue, cuando Dios me hizo errar de la casa de mi padre, que yo le dije: éste es el bien que harás conmigo: que a cualquier lugar que vayamos, dirás de mí: Él es mi hermano. Y Abimelej tomó ovejas y ganado vacuno y sirvientes y sirvientas y se los dio a Abraham; y le devolvió a su mujer Sara. Y dijo Abimelej: he aquí que mi tierra está delante de ti, establécete donde mejor te parezca. Y a Sara le dijo: he aquí que le he dado a tu hermano mil piezas de plata, que sean compensación para ti y todos los que se encuentran contigo por todo lo que ha sido hecho. Abraham oró a Dios, y Dios curó a Abimelej, a su mujer y a sus sirvientas, y se aliviaron; pues El Eterno había cerrado todos los orificios de la casa de Abimelej a causa de Sara, la mujer de Abraham» (Génesis 20:4-17).

Se aprecia aquí la razón de este nuevo suceso por el que tuvieron que pasar Abraham y Sara, el cual, si bien resultó amargo y desgraciado, conllevaba a una rectificación magnífica e inigualable. En el Talmud se revela la esencia de este enigma: «Al que pide piedad por un compañero, y él necesita eso mismo, se le responde primero» (Talmud, Tratado de Babá Kamá 92a).

El sabio talmudista Raba le preguntó a Rabah hijo de Mari:

—¿Cuál es la fuente de esta elucidación?

Y éste respondió:

—Se aprende de lo que está escrito: «Y devolvió El Eterno lo que le había sido tomado a Job, cuando él hubo orado por sus compañeros, y aumentó El Eterno al doble todo lo que había sido de Job» (Job 42:10).

Raba le dijo:

—Tú lo aprendes de allí; yo lo aprendo de aquí: «Abraham oró a Dios, y Dios curó a Abimelej, a su mujer y a sus sirvientas, y se aliviaron. Pues El Eterno había cerrado todos los orificios de la casa de Abimelej a causa de Sara, la mujer de Abraham» (Génesis 20:17-18). Y a continuación está escrito: «El Eterno recordó a Sara, tal como había dicho; y El Eterno le hizo a Sara lo que había hablado. Sara concibió y dio a luz un hijo para Abraham en su ancianidad, en el plazo que le había dicho Dios. Abraham llamó al hijo que le había nacido de Sara, Isaac» (*Ibid.* 1:3).

El sabio aclaró acerca de esta enseñanza impartida:

—Esto fue así después de ser Sara estéril durante muchos años, como está dicho: «Y Sarai era estéril, no tenía hijos» (Génesis 11:30). Sin embargo, la oración de su marido pidiendo por otra persona que tenía el mismo problema, Abimelej y sus hombres, hizo que Sara, su mujer, concibiera y diera a luz un hijo (Talmud, Tratado de Babá Kamá 92a).

Resulta de aquí una prueba bíblica que confirma el enunciado talmúdico que declara: «Al que pide piedad por un compañero, y él necesita eso mismo, se le responde primero».

Se aprecia que todo el bien que se recibe está causado por la bondad que se hace, más, cuando se trata de algo difícil de obtener. La bondad ejercida con los demás consistirá en el medio más propicio para que El Eterno escuche nuestras plegarias y atienda nuestra solicitud.

EL EMBLEMA DE LA BONDAD

En la sección del Pentateuco que narra la salida de Abraham de Egipto después de ser enviado por el Faraón, está escrito: «Y Abram ascendió de Egipto, él y su mujer y todo lo que era suyo, y Lot con él, y se dirigió hacia el sur. Abram iba muy cargado de ganado, plata y oro» (Génesis 13:1-2).

Se aprecia que había enriquecido muchísimo. Después de la gran hambruna que se vio obligado a soportar, y de la dura prueba que debió sortear en Egipto, más las penurias del viaje a Guerar, después de todo eso, estaba muy cargado de oro y plata. Se ve que a través de Abraham había nacido la expresión de la bondad en el mundo.

Resulta que la hambruna que había sobrevenido en su época era para que existiera la manifestación de la bondad. Pues si no había hambruna, ¿cómo podría hacer bondad? Nadie necesitaría nada. Para que exista expresión de bondad, otorgando a los demás de lo de uno, deben haber padecimientos.

UNA ACCIÓN NOTABLE

Después de haber aprendido todas estas lecciones, ¿qué hizo Abraham? Se aprende de lo que está escrito: «Él plantó un Eshel en Beer Sheva y allí proclamó en el Nombre de El Eterno, Dios del Universo. Y Abraham habitó en la tierra de los filisteos durante muchos años» (Génesis 21:33-34).

El exegeta Rashi explicó que Eshel era un huerto que plantó Abraham para traer del mismo frutas, y servirlas con la comida a los huéspedes que invitaba.

Asimismo Eshel era una hostería gratuita, donde el anfitrión —Abraham— servía todo tipo de frutas y ofrecía a los transeúntes comida, bebida, hospedaje y además, los acompañaba al retirarse (Rashi, Talmud, Tratado de Sotá 10a).

Después de haber observado que Abraham era el hombre más bondadoso que existía, apreciaremos la actitud de su hijo, Isaac. Acerca de él está escrito: «Había hambre en la tierra, además de la primera hambre que hubo en los días de Abraham; e Isaac fue a Abimelej, rey de los filisteos, a Guerar» (Génesis 26:1).

Apreciamos que Isaac debía afrontar situaciones similares a las que le tocó sortear a su padre. Y, al mismo tiempo, advertimos un detalle sorprendente: «Había hambre en la tierra, además de la primera hambre que hubo en los días de Abraham». ¿Qué significa «la primera hambre»? Que hasta entonces jamás había existido hambre en la Tierra. Nunca antes había habido una crisis mundial, ni tampoco parcial. La de Abraham era la primera vez. Se trataba de una innovación para el mundo. Antes había únicamente abundancia. Todo lo que necesitaban para comer lo tenían al alcance de la mano.

Antes de Abraham había sobrevenido el Diluvio Universal, como castigo a la perversidad de las personas. Y en vida de Abraham, el exterminio de Sodoma y Gomorra, a quienes Abraham merced a su inconmensurable bondad intentó salvar, como está escrito: «El Eterno dijo: Como ha crecido tanto el clamor de Sodoma y Gomorra, y como su pecado es muy grave, descenderé ahora, y veré si han consumado su obra según el clamor que ha venido hasta mí; y si no, lo sabré» (Génesis 18:20-21).

A continuación se declara: «Los hombres se fueron de allí en dirección a Sodoma, mientras que Abraham siguió de pie ante El Eterno. Abraham se adelantó y dijo: ¿Acaso destruirás también a los justos, junto con los impíos? Quizá haya cincuenta justos dentro de la ciudad: ¿destruirás también y no perdonarás al lugar por amor a los cincuenta justos que estén dentro de él? Lejos de ti el hacer tal cosa, que hagas morir al justo con el impío, y que sea el justo tratado como el impío; nunca hagas tal cosa. El Juez de toda la tierra, ¿no ha de hacer lo que es justo? Dijo El Eterno: si encuentro en Sodoma cincuenta justos en toda la ciudad, perdonaré a todo el lugar por ellos. Abraham respondió y dijo: he aquí que me permití hablar con mi Señor, si bien no soy más que polvo y cenizas. ¿Qué ocurrirá si a los cincuenta justos les faltan cinco? ¿Destruirías la ciudad a causa de los cinco? Y Él dijo: no la destruiré si encuentro cuarenta y cinco. Y continuó hablando con Él, y le dijo: ¿Tal vez se encuentren cuarenta? Y Él dijo: no actuaré por los cuarenta. Y él dijo: que mi Señor no se enoje y hablaré: ¿Qué ocurrirá si se hallan treinta? Y Él dijo: no actuaré si encuentro treinta. Y él dijo: he aquí que me he permitido hablar con mi Señor, ¿qué ocurrirá si se hallan veinte? Y Él dijo: no destruiré por los veinte. Y él dijo: que mi Señor no se enoje, y hablaré una sola vez más, ¿qué ocurrirá si se hallan diez? Y Él dijo: no destruiré por los diez. Cuando El Eterno terminó de hablar con Abraham Él se alejó, y Abraham regresó a su lugar» (Génesis 18:22-33). Pero como no fueron hallados diez justos, los pueblos que moraban en Sodoma y Gomorra fueron destruidos.

Ahora bien, tanto las personas de la época del Diluvio Universal, como las de Sodoma y Gomorra eran terriblemente perversas, y con todo eso, jamás se menciona una época de hambre. Eso indica que siempre había abundancia. Hasta que llegó Abraham. ¿Y por qué existió hambruna en la época de Abraham? Porque había nacido el remedio del hambre. Hasta ese momento no se podía combatir, pero ahora estaba Abraham, que con su bondad podía enfrentarse al hambre y vencer.

Abraham otorgaba de lo de él a los demás lo que ellos necesitaban, por eso recibía del mismo modo de lo Alto, recíprocamente. Era una persona rica y adinerada. ¿Por qué? Por ayudar a los demás. Por eso él poseía lo necesario, y también todos los demás poseían lo que necesitaban, pues quien carecía de los medios básicos se dirigía a Abraham, y él le suministraba todo lo necesario.

Ésta es la clave para triunfar, y también para enfrentarse a una crisis financiera mundial: observar a las personas que carecen de las necesidades básicas y ayudarlas a vivir dignamente.

UN EJEMPLO CORRECTO

A continuación observaremos una ilustración que abrirá más aún nuestros ojos ante esta fascinante realidad y, a su vez, ampliará lo que hemos dicho, para permitir una mejor rectificación y dar fin definitivo a todas las dificultades que nos aquejan.

En el Talmud consta esta historia: Rav visitó un lugar en el que había sequía. Al advertir lo que ocurría, el sabio decretó ayuno. Pero no llovió. El representante de la congregación encargado de conducir el rezo se dirigió al púlpito y comenzó a recitar la plegaria. Cuando mencionó: «El que hace que el viento sople», comenzó a soplar el viento. A continuación dijo: «El que hace descender la lluvia», y al instante comenzó a llover.

Rav le preguntó:

—¿Por qué fue aceptada tu plegaria? ¿Qué obra destacada has realizado?

El hombre le respondió:

—Soy maestro, y les enseño la Torá igualmente a los hijos de los ricos como a los hijos de los pobres. Y todo el que no pudiera pagarme no tomo de él nada. Además, poseo viveros de peces, mediante los cuales obtengo mi sustento. Y a todo niño que rehúsa estudiar lo incentivo con los peces; y además lo ubico en el mejor lugar, hasta que desea estudiar.

Es decir, no sólo que no les cobraba a los alumnos que no podían pagar, sino que otorgaba de su propio dinero para estimular a los niños con el fin de que estudiaran con alegría.

A continuación se prosigue con la narración de otros sucesos similares, cada uno de los cuales deja un mensaje importante. Hasta que se llega al caso de Rabí Eliezer, uno de los sabios más destacados de su época, y que también había sido maestro de Rabí Akiva.

Esto se narra de él: una vez había sequía y Rabí Eliezer decretó trece ayunos sobre la población. Pero no llovió. Finalmente, tras completarse esta serie de ayunos, las personas comenzaron a salir de la sinagoga. Entonces Rabí Eliezer les dijo:

—¿Ya habéis cavado vuestras tumbas?

A través de eso les indicaba que ya no había más probabilidades de salvarse y era necesario hacer una introspección y rectificar la conducta. Los pobladores comprendieron el mensaje y estallaron en llanto. Inmediatamente comenzó a llover (Talmud, Tratado de Taanit 25b).

Apreciamos que, por haber recibido sobre ellos hacer el bien, aunque aún no lo habían realizado en la práctica, a través de esa determinación, atrajeron al mundo la abundancia y la salvación. Cuanto más efectivo sea este acto cuando se lo lleva a la práctica, tal como hacía Abraham.

EL MODELO IDEAL

Observad lo que se narra en el Midrash: Rabí Tanjuma y Rabí Aba hijo de Avín habían aprendido de Rav Aja lo concerniente al misterio de la supervivencia de Noé y los que estaban con él en el Arca durante el Diluvio Universal. Esto es lo que aprendieron: está escrito: «El Eterno es benevolente con todos, y sus misericordias son sobre todas sus obras» (Salmos 145:9). Esta cita manifiesta que El Eterno implanta y otorga de sus misericordias a sus criaturas —los seres humanos—, para que sean misericordiosas con sus semejantes y merezcan recibir recíprocamente la misericordia de El Eterno.

Esto es así porque mañana puede venir un año de sequía y hambruna. Entonces, las personas afligidas probablemente se arrepientan de su mal proceder y retornen a la senda del bien, siendo misericordiosas las unas con las otras. Esa actitud originará que el Santo, Bendito Sea, las colme de misericordia.

En los días de Rabí Tanjuma ocurrió un suceso que ilustra este asunto: los Hijos de Israel se vieron necesitados de ayunar por causa de la ausencia de lluvias. Se dirigieron al erudito Rabí Tanjuma, y le dijeron:

—¡Rabí, decreta ayuno público!

Rabí Tanjuma atendió la demanda y decretó ayuno público. Los pobladores se abstuvieron de probar alimento en los tres días decretados, como lo estipula la ley. Ya que la ley indica que ante la falta de lluvias deben decretarse tres ayunos públicos, el primero el día segundo de la semana –lunes–, el segundo el día quinto de la semana –jueves–, y el tercero el día segundo de la semana siguiente –lunes.

Los pobladores habían actuado acorde a lo indicado por el líder de la comunidad, pero pese a todos los esfuerzos realizados no hubo lluvia. Al contemplar lo que estaba sucediendo, Rabí Tanjuma entró en la casa de estudio y disertó ante los integrantes de la congregación. Les dijo:

—¡Hijos míos, colmaos de misericordia los unos con los otros, y el Santo, Bendito Sea, se colmará de misericordia para con vosotros!

UNA REACCIÓN ATÍPICA

Después de la disertación, mientras repartían dinero entre los necesitados, los presentes distinguieron a un hombre que daba dinero a su exesposa, de la cual se había divorciado. Los miembros de la congregación que avistaron el hecho pensaron que estaba profanando la ley que prohíbe a un individuo realizar operaciones comerciales con su exmujer, y no sabían que se trataba de un acto sólo caritativo. Por eso se acercaron al rabino y le dijeron:

—¡Rabí! ¿Nosotros estamos realizando aquí ayuno, y en este mismo sitio se encuentra el pecado?

El erudito les dijo:

—¿Qué habéis visto?

Le dijeron:

—Hemos visto a zutano que otorgaba dinero a su exmujer.

Rabí Tanjuma envió hombres tras ellos para llamarlos y hacerlos venir ante la congregación. Le dijo al hombre:

—¿Qué es ella de ti?

Le respondió:

—Mi exmujer.

El sabio le preguntó:

—¿Por qué le has dado dinero?

El hombre contestó:

—¡Rabí, la vi sumida en aflicción, y me colmé de misericordia con ella!

En ese momento Rabí Tanjuma alzó su rostro hacia lo Alto y dijo:

—¡Amo de todos los mundos! ¡Este hombre, cuya ex mujer no tiene ningún derecho de reclamación hacia él por alimentos, aun así, la vio sumida en aflicción y se colmó de misericordia por ella, Tú, que está escrito acerca de Ti: «Misericordioso y compasivo» (Salmos 145:8), y nosotros somos hijos de tus amados: hijos de Abraham, Isaac y Jacob, cuánto más que debes colmarte de misericordia por nosotros!

Inmediatamente descendieron lluvias y se nutrió la tierra.

UNA CONMOVEDORA
HISTORIA DE COMPASIÓN

En el Midrash se narra otra historia: el maestro Iehuda Hanasí estaba sentado, completamente absorto en su estudio.

El erudito profundizaba en el estudio de la Torá frente a la sinagoga de los babilonios en la ciudad de Tzipori. En medio de su estudio pasó un becerro frente a él, que era llevado para ser sacrificado ritualmente. El animal comenzó a clamar, emitiendo una súplica, dando la impresión de que estuviera diciendo «sálvame».

El erudito le dijo al becerro:

—¿Qué puedo hacer por ti? ¡Para eso has sido creado!

Ya que no se apiadó del animal, le sobrevinieron al erudito aflicciones. El maestro sufrió como consecuencia de eso un fuerte dolor de dientes durante trece años.

Rabí Iosei hijo de Rabí Avín, dijo: todos esos trece años que el maestro sufrió dolor de dientes, ninguna mujer encinta perdió su embarazo en la Tierra de Israel. Además, las que daban a luz no sufrían al alumbrar. Todo por el mérito de ese hombre justo que las protegía con los flagelos que soportaba.

El maestro padeció esas aflicciones hasta que un día pasó un roedor delante de su hija, y ella quiso matarlo. El padre le dijo:

—¡Hija mía, déjalo! Pues está escrito: «El Eterno es bueno para con todos, y sus misericordias sobre todas sus obras» (Salmos 145:9)».

En ese momento en el Cielo dijeron:

—¿Él se apiada? ¡Apiadémonos de él! (Talmud, Tratado de Babá Metzía 85a) (Midrash Bereshit Rabá xxxi).

EL REMEDIO INFALIBLE Y DEFINITIVO

Hemos apreciado que la bondad y el conocimiento adquirido estudiando la Torá para aplicar esa bondad adecuadamente consisten en el remedio de toda enfermedad y de toda crisis. A través de esta solución es posible salvarse y salir totalmente ileso de los dolores de parto previos a la venida del Mesías.

Y debe considerarse que cada acto de bondad realizado es sumamente importante y capaz de modificar al mundo entero. Tal como se enseñó en el Tratado talmúdico de Kidushín: «El individuo debe verse a sí mismo como en medio de la balanza que mide los actos de todo el mundo. Y debe considerar que todo está en equilibrio, es decir, hay mitad de actos buenos y mitad de actos malos. Dadas las circunstancias, al realizar un solo acto bueno, inclinará la balanza que mide sus propias acciones y las acciones del mundo entero para el lado meritorio. En cambio, si cometiera un acto malo, inclinará la balanza que mide sus acciones y las acciones del mundo entero para el lado desfavorable» (Talmud, Tratado de Kidushín 40).

En el libro Ahavat Jesed se revela una enseñanza fundamental acerca de la gran importancia de cada acto de bondad realizado tal como se dijo en el Talmud: todo lo bueno que se genera a partir de lo que una persona da se reúne con los méritos de esa persona. Por ejemplo, una persona prestó dinero a alguien que estaba por caer financieramente y perder sus bienes. Y a través de ese dinero obtuvo lo necesario para sustentarse y vivir, él y los de su familia; y no sólo eso, sino que resurgió y dio bebida y alimento también a sus empleados que contrató posteriormente, y del mismo modo todo lo que surgió después. Así se valora un acto de bondad realizado por una persona, considerándose como si hubiera revivido al dueño de casa, a los miembros de su familia, y benefició a todas las personas que recibieron a partir de esa bondad. Pues todo se generó a partir de la primera acción (Ahavat Jesed: *Jelek* II, 6).

ELEMENTOS PARA
ENFRENTAR EL DESAFÍO

Por lo tanto, con la bondad y el estudio de la Torá podremos afrontar todos los duros momentos que se avecinan y salir airosos, tal como se enseñó en el Talmud, pues, como ya hemos visto, se pronosticaron tiempos duros, plagados de flagelos, que son necesarios para que nos rectifiquemos definitivamente. Y al observar la realidad nos damos cuenta con absoluta claridad de que ese tiempo es el que está en curso, ya que todo se precipita cada vez con mayor aceleración.

Uno de los agentes que nos permiten observar el cambio son los medios de comunicación, pues en los diarios actuales hay áreas en las que las noticias que aparecen difieren completamente de las que se veían hace una década. Todo cambia con un ritmo vertiginoso y precipitado. Si hace una década se ofrecían viajes extravagantes a islas lejanas, o países exóticos, en las propuestas más audaces, ahora se realizan ofrecimientos de viajar al espacio e ir a colonizar Marte, entre otras propuestas inimaginables tan sólo unos pocos años atrás.

Esto publicó *La Vanguardia*:

> *Vacaciones con vistas a la Tierra, el turismo que viene.*
>
> El precio, unos 95.000 dólares por persona, hará que, por el momento, sea asequible sólo para unos pocos.

136

Los Ángeles. (Efe).– Ir al espacio dejará definitivamente en los próximos años de ser una odisea de ciencia ficción para convertirse en un plan vacacional de millonarios dispuestos a pagar cantidades estratosféricas por realizar un viaje orbital organizado o un «crucero» a la Luna con vistas al planeta azul.

Tras los astronautas de carrera, serán los turistas los siguientes humanos en disfrutar de la ingravidez, los menús deshidratados y el paisaje terrícola desde lo alto con la única misión de vivir una experiencia inolvidable que a buen seguro hará furor en las redes sociales.

La Vanguardia, 2 de mayo de 2013.

La Vanguardia también publicó lo siguiente:

Un viaje a Marte sin billete de vuelta.

La empresa holandesa Mars One busca voluntarios para crear la primera colonia humana en el planeta rojo. Todo el proceso será emitido por televisión en formato *reality show*.

Barcelona. (Redacción).– Desde el inicio de los tiempos, las ansias de aventura del ser humano han desembocado en importantes conquistas, grandes descubrimientos e impresionantes avances. En una era marcada por la tecnología, los hombres y mujeres con espíritu aventurero anhelan explorar los límites de lo desconocido para llegar más lejos de lo que nadie ha llegado jamás.

La empresa holandesa Mars One, una organización sin ánimo de lucro, ha decidido emprender uno de los proyectos más colosales y épicos de los últimos tiempos, un viaje digno de Jules Verne. Esta organización busca voluntarios para establecer una colonia humana en Marte en 2023, donde poder «prosperar, aprender y crecer», según anuncia su página web.

La intención es establecer «un asentamiento habitable y sostenible», preparado para recibir astronautas cada dos años, a través de un plan que ellos mismos consideran «preciso, realista y totalmente basado en la tecnología existente». Según confirma la organización, este proyecto es «económica y logísticamente factible».

La Vanguardia, 17 de abril de 2013.

EL TEMOR DE UN COLAPSO ECONÓMICO

¿Por qué todo esto sucede ahora cuando durante milenios no ha ocurrido? Recordemos que está en curso el ciclo cósmico vinculado con el Espacio. Ese ciclo comenzó en 1960, y finaliza en 2020. Pues, como ya hemos dicho, cada ciclo cósmico tiene una duración de 60 años, y al final del mismo, la Presencia Divina se fortalece, recibiendo el poder necesario para levantarse y recibir fortificación para generar la Redención Final.

Por tanto, si la Redención Final no se produce antes, lo cual puede ocurrir en cualquier momento, el año 5780 del calendario hebreo, que coincide con el 2020 del calendario civil, es un tiempo muy propicio, tal como lo fue cada final de un ciclo cósmico, con la diferencia de que ahora estamos en los talones de los tiempos, y las señales son cada vez más evidentes. Resulta, pues, que en ese año, 2020, puede sobrevenir una grave crisis financiera, el colapso económico final, tal como se pronosticó: «se acabará la moneda del bolsillo» (Talmud, Tratado de Sanhedrín 97a).[5]

Ahora bien, ¿qué se puede hacer para evitar ese probable desastre económico y los demás flagelos pronosticados? La respuesta, tal como ya hemos mencionado también, es ésta: «¡Debe ocuparse de estudiar la Torá y hacer el bien!» (Talmud, Tratado de Sanhedrín 98b).

Y en lo que respecta al estudio de la Torá, en la actualidad está ocurriendo algo inaudito, ya que contra todo pronóstico, todavía más si consideramos la terrible aniquilación del Holocausto, y la era moderna en la que vivimos, en los últimos años se ha producido una verdadera revolución espiritual que avanza a pasos agigantados. Los Hijos de Israel se vuelcan cada vez con mayor fervor en la observancia de los preceptos y el estudio de la Torá. Millares de personas estudian diariamente la sección semanal del Pentateuco, la Mishná, el Talmud y los libros de Cábala.

Uno de los fenómenos más sorprendentes es el plan de estudio de todo el Talmud, que se termina cada siete años y medio. Este sistema fue instaurado en 1923 por el rabino Meir Shapira, y con el correr de los años comenzaron a verse frutos importantes. En el mes de julio de 2012 se completó el duodécimo ciclo, y en Israel, decenas de millares de personas se congregaron en distintos lugares, a lo largo y a lo ancho del país, para celebrar el evento. También se procedió del mismo modo en los demás países donde los hebreos se reúnen para estudiar el Talmud y cumplir con el ciclo indi-

---

5. Considérese el secreto aludido en el versículo que declara: «Y el niño creció, y fue destetado» (21:8). Al cabo de 24 meses (Rashi; Talmud, Tratado de Guitín 75b; y *véase* Talmud, Tratado de Pesajim 119b; y Tratado de Shabat 89b).

cado. Y en Estados Unidos la celebración fue también multitudinaria. Esto publicó *The New York Times*: «Casi 90.000 judíos ortodoxos inclinaron sus cabezas en oración comunitaria en MetLife Stadium el miércoles por la noche para abrir lo que los rabinos proclamaron como la más grande celebración de la erudición judía desde la destrucción del Segundo Templo de Jerusalén en el año 70 d. C.». (*The New York Times*, 1 de Agosto de 2012).

Sin lugar a dudas, el despertar de las personas con respecto al estudio de la Torá es algo extraordinario, y no menos sorprendente es la fecha en que se culminará el ciclo decimotercero de estudio del Talmud. Ya que eso ocurrirá en el año 2020, el mismo año en que culmina el ciclo cósmico que está en curso.

Por esta razón es importante sumarse a los estudios de Torá, incrementar cada vez más el tiempo que se dedica a ese fin, y realizar muchas acciones de bondad, sometiendo al rigor, pues ésos son los medios para salvarse de todos los flagelos. También, a través de esas vías, se puede revertir el pronóstico de la crisis financiera anunciada, como se enseña en el libro Ben Iehoiadá respecto a la cita talmúdica que pronostica el colapso. Pues en el Talmud se enseñó que el hijo de David no vendrá hasta que se acabe la moneda del bolsillo (Talmud, Tratado de Sanhedrín 97a). Y, si bien es posible entenderlo en forma textual, también se puede explicar positivamente, de este otro modo: el gobierno no hará todas las monedas de metal,[6] sino que hará billetes en lugar de monedas. Y a esto se refiere lo dicho: «Hasta que se acabe la

____

6. Oro, plata y cobre.

moneda del bolsillo». Resulta que esos billetes remplazarán a las monedas que hay en los bolsillos (Ben Iehoiadá).

Se desprende de aquí que es posible evitar la crisis prevista e invertir ese pronóstico para bien. Todo depende de nuestras acciones. Y en el caso de que no se logre su anulación total, es posible reducir su intensidad, tal como ocurrió con la esclavitud de Egipto. Ya que El Eterno le dijo a Abraham: «Ciertamente sabrás que tus descendientes serán extraños en una tierra que no es la de ellos, y los esclavizarán, y los afligirán cuatrocientos años» (Génesis 15:13). Y más adelante está escrito: «Y dijo El Eterno: ¿Habré de ocultarle a Abraham lo que Yo hago? Pues Abraham ciertamente se convertirá en una nación grande y poderosa; y todas las naciones del mundo se bendecirán en él» (Génesis 18:17-18).

¿Qué secreto se revela en esta cita? Que los 400 años proscritos podrían ser quebrados. Y finalmente eso ocurrió. Pues más adelante se menciona una gran hambruna que afectaba a la tierra en que moraban los Hijos de Israel, y la situación se había vuelto caótica, por eso Jacob envió a sus hijos a Egipto, como está escrito: «Jacob vio que había provisiones –*shever*– en Egipto; y Jacob les dijo a sus hijos: ¿Por qué os miráis?» Y él dijo: «He aquí que he oído que hay provisiones en Egipto; descended –*redu*– allí y comprad provisiones para nosotros de allí, para que vivamos y no muramos» (Génesis 42:1-3).

¿Por qué está escrito: «Jacob vio que había provisiones –*shever*– en Egipto»? Él estaba en la tierra de Canaán, y, ¿cómo podía ver lo que ocurría en Egipto? Apreciamos que se trataba de una revelación que manifestaba lo que El Eterno le había indicado a Abraham, el abuelo de Jacob, que se quebrarían los años de exilio. Y eso está indicado en la expresión *shever,* que significa literalmente «quebrado». Por eso mandó a sus hijos a Egipto, con la esperanza de que el proceso de exilio y esclavitud sería quebrado. Por eso les dijo: «descended –*redu*– allí». La expresión *redu,* indica 210 años, ya que ése es el valor numérico de tal palabra.

Ahora bien, ¿dónde vemos que El Eterno le reveló a Abraham ese dato? Está indicado en la declaración: «Pues Abraham ciertamente –*aio*– se convertirá en una nación grande y poderosa» (Génesis 18:18). La expresión «ciertamente –*aio*–», es aparentemente innecesaria, ya que sería suficiente con escribir: «Pues Abraham se convertirá [...]». ¿Qué indica? Alude al quebrado del exilio y la esclavitud, que podrá ser de sólo 210 años.

Veamos cómo está indicado en el texto bíblico: la expresión *aio* en el original hebreo está escrita así:

היו

Apreciamos al comienzo de la palabra la letra *he*, y después, las letras *iud* y *vav*. Y se indica a modo de insinuación y de acuerdo con las reglas de la numerología de la Cábala que la primera letra, *he*, debe ser multiplicada por la suma de las siguientes. Y sabemos que el valor numérico completo de la letra *iud* es 20, y el valor numérico completo de la letra *vav* es 22 (véase *Numerología y Cábala* pág. 252). Por lo tanto, debe multiplicarse el valor de *he*, que es 5, por 42, que es el valor correspondiente a la suma de los valores 20 y 22, de las otras dos letras. Es decir:

$$5 \times 42 = 210$$

He aquí que El Eterno le había manifestado a Abraham que, si bien habían sido decretados 400 años de exilio y esclavitud, los mismos podían ser quebrados y disminuidos. Y así ocurrió, ya que los Hijos de Israel lo merecieron, y después de 210 años de estar en Egipto salieron en libertad, considerándose por completados los 400 años a raíz del esfuerzo y los padecimientos que soportaron (Od Iosef Jai: Vaerá).

Ahora también está en nuestras manos que eso ocurra con la Redención Final; tenemos la posibilidad de merecernos que llegue ahora mismo a través de nuestras acciones. Y más, sabiendo que ya estamos en el final de los tiempos, donde la mayoría de lo que debía acontecer en el mundo ya ha sucedido. Además, sabemos que se acerca el final de un ciclo cósmico, y es tiempo propicio para que ese momento de la Redención se cristalice, y a través de nuestras acciones podemos conseguir que, además, sea con amor y no con rigor, o sea, evitando el colapso económico final, y las otras desdichas pronosticadas. Y, si bien potencialmente existe la posibilidad de que comience otro ciclo cósmico antes de la Gran Revelación, está en nuestras manos hacer que eso no sea así, y procurar que muy pronto vivamos en un mundo ideal, lleno de armonía, paz, y amor.

ÍNDICE

II. LA ERA DE LOS TALONES MESIÁNICOS

VI. LOS AÑOS QUE QUEDAN

VII. EL FRENTE DE DEFENSA

CLASES DE
RABÍ AHARÓN SHLEZINGER

 https://www.youtube.com/watch?v=fx7u7renU68&list=PLaTfZ9CrgY45sqesjv2og9x6a3bgoQZCE

 https://www.youtube.com/watch?v=Jk0okMqT_xk

 https://www.youtube.com/watch?v=aWvRF7G6Png

 https://www.youtube.com/watch?v=QXg8hoMLeQ8

 https://www.youtube.com/watch?v=VZqTfv5MrUs

 https://www.youtube.com/watch?v=mkRt_2RyW4w

 https://www.youtube.com/watch?v=2LeX3O_y0fQ